AUTORE

Paolo Crippa (23 aprile 1978) coltiva sin dai tempi del Liceo la passione per la Storia italiana, soprattutto della Seconda Guerra Mondiale.

Le sue ricerche si incentrano soprattutto nel campo della storia militare ed in particolare sulle unità corazzate a partire dagli anni '30 fino alla fine della Seconda Guerra Mondiale. Nel 2006 pubblica il suo primo volume, "I Reparti Corazzati della Repubblica Sociale Italiana 1943/1945", prima ricerca organica compiuta e pubblicata in Italia sull'argomento, a cui fanno seguito "Duecento Volti della R.S.I." (2007) e "Un anno con il 27° Reggimento Artiglieria Legnano" (2011). Ha all'attivo una quarantina di articoli per le riviste Milites, Historica Nuova, SGM – Seconda Guerra Mondiale, Batailes & Blindes, Mezzi Corazzati e Storia del Novecento, sia come autore, sia in collaborazione con altri ricercatori. Ha realizzato collaborazioni e consulenze per altri autori nella stesura di testi storico – uniformologici. Con Mattioli 1885 ha pubblicato "Italia 43 – 45 – I blindati di circostanza della Guerra Civile" (2014), "I mezzi corazzati della Guerra Civile 1943 -1945" (2015) e Italia 43 – 45 – I mezzi delle unità cobelligeranti (2018).

Paolo Crippa (23 April 1978) has cultivated his passion for Italian history since high school. His research interests are focused mainly in the field of military history and in particular on italian armored units from the 30s until the end of World War II. In 2006 he published his first volume, "I Reparti Corazzati della Repubblica Sociale Italiana 1943/1945", the first organic research carried out and published in Italy on the subject. In 2007 he published "Duecento Volti della R.S.I." and in 2011 " Un anno con il 27° Reggimento Artiglieria Legnano". He regularly contributes to several journals: Milites, New Historica, SGM - World War II, Batailes & Blindes, Armoured Vehicles and history of the twentieth century, Mezzi Corazzati, both as an author, or in collaboration with other researchers. He published with the editor Mattioli 1885 in 2014 "Italy 43 – 45 – Civil War improvised AFV's" (2014), "Italian AFV's of the Civil War 1943 - 1945" (2015) and "Italy 43 – 45 – AFV's and MV's of co-belligerent units" (2018).

RINGRAZIAMENTI / ACKNOWLEDGMENTS

Desidero ringraziare alcune persone che hanno reso possibile la stesura di questo volume, contribuendo a vario titolo con documenti, fotografie e testimonianze. In rigoroso ordine alfabetico, il compianto cavalier Nino Arena, Carlo Cucut, Andrea Lombardi, Eugenio Vendrame e Carlo Venditti. Infine, vorrei ricordare il sottotenente Elvezio Borgatti del Gruppo Corazzato "M" "Leonessa", alla cui i memoria dedico questo mio lavoro. Fu una delle prime persone che mi spronò ad approfondire le mie ricerche storiche e che mi spinse a pubblicare il mio primo volume, donandomi moltissime delle foto presenti su questi libro, oltre a tantissimi documenti del Gruppo. Passai in sua compagnia dei piacevoli momenti, arricchiti dai suoi lunghi ed emozionati racconti, viva testimonianza della sua esperienza nel Gruppo Corazzato "M" "Leonessa".

For a complete list of Soldiershop titles please contact Luca Cristini Editore on our website: www.soldiershop.com or www.cristinieditore.com. E-mail: info@soldiershop.com

Titolo: **I CARRISTI DI MUSSOLINI** Code.: **WTW-003 IT**
Di Paolo Crippa.
ISBN code: 978-88-93274395 prima edizione Maggio 2019
Lingua: Italiano Nr. di immagini: 100 dimensione: 177,8x254mm Cover & Art Design: Luca S. Cristini

WITNESS TO WAR (SOLDIERSHOP) is a trademark of Luca Cristini Editore, via Orio, 35/4 - 24050 Zanica (BG) ITALY.

WITNESS TO WAR

I CARRISTI DI MUSSOLINI

IL GRUPPO CORAZZATO "LEONESSA" DALLA M.V.S.N. ALLA R.S.I

PHOTOS & IMAGES FROM WORLD WARTIME ARCHIVES

PAOLO CRIPPA

ITALIAN TEXT

BOOKS TO COLLECT

INDICE

▲ Frontespizio di una pubblicazione edita dal Comando della XV Legione della Milizia di Brescia, per celebrare le eroiche azioni compiute dalle Camicie Nere bresciane in terra di Russia. Insieme alla M mussoliniana con il fascio, è disegnato anche lo stemma della città di Brescia, "Leonessa d'Italia".

I CARRISTI DI MUSSOLINI

GRUPPO BATTAGLIONI "M" "LEONESSA"

Il XV Battaglione Camicie Nere di Brescia proveniva dalla XV Legione di Brescia, denominata "Leonessa" in onore della propria città, detta "Leonessa d'Italia". Inquadrato con il XIV Battaglione di Bergamo nella 114ª Legione Camicie Nere "Garibaldina" partecipò alla Campagna d'Etiopia, in organico alla Divisione "XXVIII Ottobre".

Dopo lo scoppio della Seconda Guerra Mondiale il Battaglione "Brescia" fu impiegato sul fronte Greco - Albanese, formando, con il Battaglione "Bergamo", la Legione Camicie Nere "Leonessa". Il 1° ottobre 1941 gli ufficiali, i sottufficiali ed i legionari della Legione "Leonessa" furono insigniti della "M" rossa, quale distintivo d'onore per il comportamento tenuto durante le campagne belliche in cui erano stati impegnati.

Il Gruppo Battaglione Camicie Nere "Leonessa", inquadrato nella Milizia Volontaria di Sicurezza Nazionale, forte di circa 1.800 uomini, fu costituito il 1° gennaio 1942 al comando del console Graziano Sardu. Il "Leonessa" era formato dal XIV Battaglione CC.NN. di Bergamo, dal XV Battaglione CC.NN. di Brescia e dal XXXVIII Battaglione Armi d'Accompagnamento di Asti. Insieme alla Legione Camicie Nera "Valle Scrivia" fu destinato al Fronte Russo il 26 giugno 1942, raggiungendo a luglio la propria zona d'operazioni, non arrivando però in tempo per partecipare alla Prima Battaglia del Don. Il 13 dicembre il Gruppo "Leonessa" arrivò ad Orobinski, a soli 3 km di distanza dal fiume Don; la mattina successiva il "Leonessa" si lanciò all'attacco delle postazioni tenute dai Russi a Quota 192, posizioni che erano state perdute dal 90° Reggimento di Fanteria "Cosseria". Il combattimento fu particolarmente cruento, cadde il seniore Comincioli, comandante del XV Battaglione "Leonessa", 8 ufficiali ed una ventina di legionari, il numero di feriti e di dispersi superò le 220 unità. Il giorno 15 la linea difensiva fu tenuta a costo di gravi sacrifici, la "Leonessa" continuò a reggere l'urto delle truppe russe fino al 17, quando su ordine tedesco, iniziò a ripiegare verso Mitrofanovka, finendo però accerchiata nei pressi di Zapkovo. Galvanizzati dall'incessante presenza del comandante console Sardu, le Camicie Nere riuscirono a sfondare l'accerchiamento, grazie all'intervento deciso di mezzi corazzati tedeschi ed a raggiungere finalmente Mitrofanovka.

I resti del "Leonessa", circa 550 uomini, furono avviati alla difesa del fiume Donez e dal 21 gennaio 1943 iniziarono a ripiegare dapprima nelle retrovie e poi verso l'Italia il 17 marzo.

1ª DIVISIONE CORAZZATA LEGIONARIA "M"

All'inizio di aprile del 1943, durante un incontro fra Carlo Scorza, segretario del P.N.F., ed Heinrich Himmler, fu rispolverato un progetto risalente al 1942, che mirava a costituire una Divisione fedele al Duce, armata in maniera moderna e posta alle sue dirette dipendenze, pronta ad intervenire nel caso di disordini contro il regime fascista. Mussolini dunque accettò l'offerta di Himmler per la fornitura di mezzi e di istruttori germanici per la costituenda 1ª Divisione Corazzata CC.NN. "M". Furono nel frattempo radunati alle porte di Roma i superstiti del fronte russo del Gruppo "Leonessa", mentre affluirono contemporaneamente anche legionari dei Battaglioni "M", distintisi nei combattimenti, provenienti da altri fronti. Si presentò da subito un importante problema durante la costituzione della Divisione: la Milizia poteva fornire solo reparti di fanteria, non disponendo di personale specializzato. La Divisione, che Mussolini non concepì mai come una guardia personale, fu inizialmente dislocata nei pressi di Chiusi (SI), località scelta solo per motivi logistici e non tattici, e fu ufficialmente costituita il 23 marzo 1943. A fine giugno la Divisione fu spostata sul lago di Bracciano a Campagnano Romano (RM). I tedeschi fornirono materiale moderno, ma in numero non sufficiente a costituire una vera Divisione Corazzata: infatti, ricevette 12 Panzer IV Ausf. G, 12 Panzer III Ausf. N e 12 Sturmgeschütz III Ausf. G, che furono inquadrati nel Gruppo Carri "Leonessa", su tre Compagnie, al comando del 1° seniore Ferdinando Tesi. Gli effettivi del Gruppo Carri provenivano in buona parte dal Gruppo Camicie Nere "Leonessa", che aveva combattuto in Russia, come unità di fanteria. Per ovviare alla mancanza di esperienza di guida e manutenzione dei mezzi corazzati delle Camicie Nere furono aggregati temporaneamente alla Divisione una cinquantina di carristi del Regio Esercito, che dovevano affiancare gli istruttori tedeschi. La Divisione ricevette anche 24 cannoni da 88/56, utili sia al tiro contraereo che controcarro, con i relativi trattori semicingolati, che equipaggiarono il Raggruppamento d'Artiglieria "Valle Scrivia" su due Gruppi di 3 Batterie ciascuno.

La formazione della grande unità procedette però a rilento, per l'aperta diffidenza dello Stato Maggiore dell'Esercito, che la considerava una possibile minaccia. Il 10 luglio fu organizzata una esercitazione alla presenza del Duce; per mascherare lo scarso livello di preparazione degli specialisti furono utilizzati solamente 9 mezzi corazzati, 3 per ciascun modello in dotazione alla Divisione, perdipiù pilotati dagli istruttori tedeschi, ed una sola Batteria d'Artiglieria. Mussolini rimase entusiasta di questa manifestazione, tanto che propose di lanciare al più presto la Divisione contro gli Alleati, da poco sbarcati in Sicilia, ma la partenza da Roma, fortunatamente, non ci fu, evitando così di mandare allo sbaraglio questa unità ancora in costituzione.

Il 25 luglio 1943 il Duce fu destituito durante la seduta del Gran Consiglio del Fascismo e le conseguenze per questa Divisione a forte connotazione politica non tardarono ad arrivare: dal Comando Generale della M.V.S.N. giunse l'ordine di mantenere le posizioni, scontentando buona parte dei legionari, che desideravano muovere contro la capitale. Nei giorni successivi la Milizia si mise a disposizione del governo Badoglio, che ordinò di rimuovere dalle uniformi e dai veicoli tutti i simboli che richiamavano il Fascismo. Le camicie nere furono perciò sostituite da quelle grigioverdi, i fez neri sparirono in favore delle bustine dell'Esercito e le stellette al bavero presero il posto di fascetti ed "M" rosse.

Il 26 luglio il comandante della Divisione console generale Armando Luserna fu sostituito dal generale Giorgio Calvi di Bergolo (genero del re e pertanto ritenuto "affidabile"), già comandante della Divisione Corazzata "Centauro" sul fronte libico. La Divisione dovette mutare il nome in 136ª Divisione Legionaria Corazzata "Centauro II" e fu anche allontanata dalla capitale, frazionata in una vasta area ad est di Roma, con l'ordine di proseguire l'addestramento, che procedette molto più speditamente grazie alle nuove direttive impartite dal generale Calvi di Bergolo.

Per svuotare ancor di più l'anima "fascista" della Grande Unità, una circolare del 24 agosto sancì la costituzione del 131° Battaglione Carri, composto dal Gruppo Carri "Leonessa" e dal XIX Battaglione Carri del Regio Esercito, di stanza a Piombino (LI), che non raggiunse però mai la Divisione.

L'Armistizio dell'8 settembre produsse grande impressione nei reparti della Divisione. La mattina del 9 giunse l'ordine di ripiegare su Tivoli, per sbarrare la via Tiburtina da eventuali infiltrazioni tedesche nella capitale, ma la situazione si fece sempre più confusa con il passare delle ore, mentre i reparti si muovevano in maniera scoordinata. Il giorno successivo giunse la notizia dell'accordo di "cessate il fuoco" stipulato fra i comandi militari italiani di Roma e le truppe tedesche. La Divisone rimase sulle sue posizioni, incerta sul da farsi, e nel pomeriggio pervenne l'ordine di disarmarsi e di consegnare tutti i materiali ai tedeschi, fatto che, unito all'arrivo della notizia della liberazione di Mussolini al Gran Sasso, segnò il definitivo collasso della Divisione. Parte degli effettivi abbandonò la posizione, altri tentarono di rimanere, in quell'atmosfera di confusione che caratterizzò quelle terribili giornate. Il 13 settembre gli armamenti ed i corazzati di provenienza tedesca furono concentrati e presi in carico dai paracadutisti tedeschi della 2.Fallschirmjäger Division. Era la fine della 1ª Divisione Corazzata Legionaria "M", ma 3 ufficiali ed una sessantina di legionari decisero di continuare la guerra a fianco degli ormai ex – alleati tedeschi.

STRUTTURA

L'organigramma previsto per la Divisione era il seguente:

- Comando e Compagnia Comando
- Compagnia Carabinieri
- Nucleo Movimento Stradale (Milizia della Strada)
- 306° Ufficio Posta Militare (Milizia Postelegrafonica)
- Autoreparto Divisionale
- Gruppo Carri "M" "Leonessa":

    1ª Compagnia Carri su 4 Plotoni (equipaggiata con Panzer IV Ausf. G)

    2ª Compagnia Carri su 4 Plotoni (equipaggiata con Panzer III Ausf. N)

    3ª Compagnia Semoventi su 4 Plotoni (equipaggiata con Sturmgeschütz III Ausf. G)

- Gruppo di Battaglioni "M" "Tagliamento"
- LXIII Battaglione d'Assalto "M"
- LXXIX Battaglione d'Assalto "M"
- XLI Battaglione Armi d'Accompagnamento "M"
- Gruppo di Battaglioni "M" "Montebello"
- VI Battaglione d'Assalto "M"
- XXX Battaglione d'Assalto "M"
- XII Battaglione Armi d'Accompagnamento "M"
- Raggruppamento Artiglieria "M" "Valle Scrivia":

    I Gruppo su 3 batterie

    II Gruppo su 3 batterie

- Battaglione Guastatori
- Reparto Misto Genio:

    Compagnia Artieri

    Compagnia Telegrafisti

    1ª Compagnia Radiotelegrafisti

    2ª Compagnia Radiotelegrafisti

- Nucleo Sanità
- Nucleo Sussistenza
- Ufficio Commissariato

▲ **Capitolo "Gruppo Battaglione M Leonessa"** Il XV Battaglione Camicie Nere "Leonessa" di Brescia passato in rassegna in città il 17 agosto 1936, di ritorno dalla vittoriosa campagna d'Etiopia.

▼ Legionari della Milizia Volontaria di Sicurezza Nazionale in partenza per il fronte russo.

▲ Il XV Battaglione Camicie Nere "M" di Brescia della Legione d'Assalto "Leonessa" schierato al completo prima della partenza per la Russia, al comando del seniore Comincioli.

▶ Il seniore Giacomo Comincioli cadde il 15 dicembre 1942 nei pressi di Orobinskji, azione per la quale fu decorato con la quarta Medaglia d'Argento al Valor Militare. Al bavero, sopra le fiamme nere della Milizia, si notano le "M" rosse, distintivo d'onore concesso al Battaglione il 1° ottobre 1941.

▲ **Capitolo "1a Divisione Corazzata Legionaria M"** Gruppo di legionari carristi di fronte al proprio Panzer III. I militari indossano le comuni tute blu, distribuite a tutti gli equipaggi dei carri del Regio Esercito, con il fez nero della M.V.S.N. (Arena).

▼ Un Panzer III Ausf. N con le insegne del Gruppo Carri "Leonessa", inquadrato nella 1ª Divisione Corazzata CC.NN. "M" (Arena).

▲ Il Panzer III Ausf. N rappresentava l'ultima versione di questa famiglia di collaudatissimi mezzi corazzati, che costituivano il nerbo di tutte le unità corazzate tedesche (Arena).

▼ Panzer IV Ausf. G della Divisione corazzata CCNN "M" in marcia durante l'addestramento (Arena).

▲ Lo stesso carro della fotografia precedente si appresta a superare un tratto di boscaglia (Arena).

▲ Camicie nere carriste della Divisione Corazzata "M" mentre salgono celermente a bordo del loro semovente (Arena).

◄ Contrariamente a quanto si possa credere, i tedeschi fornirono all'Italia quanto di meglio avevano in fatto di mezzi corazzati. Il Panzer IV, con il suo cannone da 7,5 L/48, era in quel momento uno dei migliori carri armati tedeschi, surclassato solo successivamente dal Panther (Arena).

▲ Plotone di Sturmgeschütz III Ausf. G della 3ª Compagnia del Gruppo Carri "Leonessa" in un momento di riposo (Arena).

▼ Il 25 luglio segnò la fine della parabola mussoliniana ed anche i mezzi della Divisione "M" subirono un "maquillage": lo stemma con la "M" rossa che compare sulla scudatura di questo StuG sarà infatti cancellata a colpi di vernice (Arena).

▲ Primo piano di uno StuG III del "Leonessa" con alle spalle un Panzer IV dello stesso Gruppo". La foto permette di apprezzare lo stemma dipinto sulla scudatura del semovente e formato da un rombo azzurro bordato di nero e caricato con il monogramma mussoliniano (Arena).

▲ I convulsi giorni che succedettero l'8 settembre 1943 gettarono il Paese nel caos. Nella capitale, due carri M del "Leonessa" giungono in Piazza Colonna: i carristi indossano di nuovo a camicia nera (Crippa).

GRUPPO CORAZZATO "M "LEONESSA" DELLA R.S.I.

Il 21 settembre 1943, di fronte allo sfacelo seguito all'Armistizio, un gruppo di ufficiali e legionari della 1ª Divisione Corazzata Legionaria "M", prevalentemente carristi, accentrati presso la caserma "Mussolini" di Roma, prese la risoluzione di ricostituire il disciolto Gruppo Corazzato "Leonessa", con l'intento di proseguire la guerra accanto alle Forze Armate Tedesche. Il personale della M.V.S.N. che l'8 settembre aveva rimesso le "M" rosse e la camicia nera rifiutando l'Armistizio, era però rimasto appiedato e fu costretto a cercare armi e materiali nelle caserme italiane ormai vuote. Furono così recuperati presso il Forte Tiburtino, sede e deposito del 4° Reggimento Carri, alcuni autoveicoli e due carri armati M, usati poi per presidiare la sede dell'EIAR e la direzione del rinato Partito Fascista in piazza Colonna[1].

Il 29 settembre il neonato reparto fu trasferito in provincia di Brescia, a Montichiari; gli uomini raggiunsero il nord via treno, insieme ai pochi mezzi recuperati a Roma. Qui i legionari furono sottoposti ad un intenso ciclo addestrativo, mentre le fila del reparto cominciarono ad arricchirsi con volontari provenienti da tutto il territorio della R.S.I. ed i quadri degli ufficiali furono via via rinforzati sia con un buon numero di uomini provenienti dal disciolto Regio Esercito sia, in un secondo momento, con sottotenenti delle Scuole Allievi Ufficiali della Guardia Nazionale Repubblicana. A Montichiari fu immediatamente costituito il Comando del Gruppo, unitamente alla 1ª Compagnia, seguita poco dopo anche dalla 2ª Compagnia.

Intanto il 4 ottobre, il Comandante generale della rinata M.V.S.N. generale Renato Ricci, fece emettere un comunicato che decretava la ricostituzione della disciolta Divisione M: "*Ho disposto che la 1ª Divisione Corazzata "M" venga subito ricostituita. Pertanto, tutti gli ufficiali, sottufficiali e legionari già appartenenti alla Divisione stessa e quelli che desiderano esservi incorporati, sono invitati a presentarsi al Centro di Mobilitazione della Milizia più vicino alla propria residenza*". Il console generale Lusana fu incaricato del comando dell'unità, della quale il seniore Cioni era il Capo di Stato Maggiore.

Fino al 15 ottobre il Gruppo "Leonessa" fu comandato dal primo seniore (tenente colonnello) Ferdinando Tesi, che però assunse un importante incarico presso il Ministero dell'Economia. In quella data il comando passò al vicecomandante, seniore (maggiore) Priamo Swich, che fu poi promosso tenente colonnello.

Inizialmente il reparto era quasi privo di mezzi corazzati e, per questo motivo, alla fine dell'ottobre 1943 il Comando Generale della G.N.R. (allora ancora M.V.S.N.[2]) avanzò l'ipotesi di trasformare il "Leonessa" in un Battaglione Ordine Pubblico. Infatti, il generale Ricci tenne rapporto agli ufficiali, comunicando la decisione di trasformare il "Leonessa" in un reparto non corazzato per mancanza di mezzi blindati, seguendo la sorte di molti altri reparti della Guardia Nazionale Repubblicana. Ricci fece presente come la difficile situazione interna, seguita al disastroso 8 settembre, rendeva di fatto impossibile la ricostituzione di unità corazzate; era inoltre necessario organizzare dei reparti che potessero intervenire per riportare l'ordine in quelle zone dove il fenomeno degli sbandati stava dando origine a forme di banditismo. La decisa ed insistente reazione di Swich e degli ufficiali del reparto, che promisero di andare in cerca dei carri necessari, fece sì che il comandante della G.N.R., commosso ed impressionato dalla fermezza di questi uomini, non attuasse l'ordine di scioglimento, concedendo due mesi di tempo per poter formare il reparto corazzato. Così iniziò per il Gruppo una intensa atti-

---

1   Il luogotenente generale Montagna, comandante della Milizia dal 17 settembre, affermò di avere recuperato per le strade di Roma una quarantina di carri M in buono stato, che erano stati abbandonati dalle truppe corazzate italiane durante i combattimenti della capitale, seguiti all'Armistizio.

2   La Guardia Nazionale Repubblicana nacque ufficialmente con il Decreto Legge del Duce n° 913 del 24 dicembre 1943. Era formata dalla M.V.S.N. (di cui faceva parte il Gruppo "Leonessa"), dai Carabinieri e dalla Polizia Africa Italiana. La G.N.R. entrò a fare parte dell'Esercito Nazionale Repubblicano, come prima Arma combattente, il 14 agosto 1944 con il Decreto Legge n° 469.

vità di ricerca e recupero dei mezzi corazzati. Alcuni ufficiali organizzarono un imponente servizio di informazione e di perlustrazione presso i depositi carristi dell'Alta Italia (Bologna, Vercelli, Verona, Siena in particolare) e presso l'Ansaldo e la FIAT per scovare e recuperare mezzi corazzati abbandonati da poter impiegare nel reparto. I risultati furono soddisfacenti, furono presto radunati alcuni carri armati, diversi autocarri, riserve di carburante, armi ed equipaggiamenti. Molti blindati furono trovati nascosti anche nelle campagne, dove erano stati occultati dagli equipaggi rimasti privi di ordini all'Armistizio. Due tenenti, entrambi provenienti dal disciolto Regio Esercito, Loffredo Loffredi e Giovanni Ferraris si distinsero in modo particolare in questa attività di recupero. Il lavoro di messa a punto dei mezzi blindati fu particolarmente impegnativo e per questo motivo venne organizzata l'Officina del reparto, sotto la supervisione del tenente Soncini, coadiuvato dal tenente Dente, che grazie alla tenacia degli specialisti, fu in grado di mettere a disposizione del Gruppo i mezzi previsti in organico in breve tempo, rimettendo in ordine di marcia anche veicoli che erano in condizioni disperate. Alla fine di dicembre il "Leonessa" poté iniziare l'addestramento sui mezzi. L'organico del reparto cominciò ad arricchirsi con volontari provenienti da tutto il territorio della R.S.I. ed i quadri degli ufficiali furono via via rinforzati sia da ufficiali provenienti dal disciolto Regio Esercito sia, in un secondo momento, con sottotenenti delle Scuole Allievi Ufficiali della Guardia Nazionale Repubblicana.

Il 15 dicembre, intanto, la Divisione Corazzata CC.NN. "M" fu sciolta ufficialmente e con essa tutti i reparti che la costituivano, ad eccezione del Gruppo Carri "Leonessa", del XXX Battaglione Camicie Nere "Montebello" e del LXIII Battaglione Camicie Nere "Tagliamento".

Durante il periodo di permanenza a Montichiari il Gruppo non solo seguì il ciclo addestrativo necessario per un reparto corazzato, ma effettuò anche alcune azioni di polizia e riuscì a catturare diversi prigionieri di guerra britannici, fuggiti dai campi di prigionia in seguito allo stato di confusione creato dall'Armistizio.

Il 9 febbraio 1944, finalmente, il "Leonessa" poté giurare fedeltà alla Repubblica Sociale Italiana in piazza della Vittoria a Brescia, insieme ad altri reparti della G.N.R., e, in questa occasione, sfilò per la prima volta per le vie della città applaudito dalla folla, completamento motorizzato e con un discreto numero di mezzi corazzati. Il generale Ricci, comandante della G.N.R., rimase impressionato positivamente e, per esprimere il suo compiacimento, ricevette una rappresentanza di legionari e di sottufficiali presso il Comando Generale, dichiarando di avere verificato di persona che il Gruppo era ormai idoneo al combattimento. Nel frattempo, il Comando Generale della G.N.R. progettò di costituire una propria Divisione, nella quale inquadrare molti reparti autonomi. Questa venne denominata 1ª Divisione Antiparacadutisti e Contraerea della G.N.R. "Etna" ed il Gruppo Carri "Leonessa" ne entrò a fare parte, passando alle dipendenze della neonata Divisione nell'agosto successivo.

In un appunto per il Duce, datato 1° marzo 1944, si legge che "[...] il gruppo corazzato della G.N.R., della forza di un Battaglione, composto di una Compagnia Carri, una Compagnia Autocarrata, una Compagnia Guastatori, trovasi a Montichiari in addestramento. Gli istruttori sono tedeschi". Il Gruppo in effetti faceva parte della G.N.R., ma per l'impiego era a disposizione dell'Hocster SS un Polizei Furher in Italien[3].

Con l'intervento di Ricci il reparto divenne operativo. I legionari si erano cullati nella speranza di poter essere inviati al fronte, ma la loro destinazione fu un'altra. Infatti, il 5 marzo la sede del Gruppo fu trasferita a Torino, come rinforzo al Comando Provinciale della Guardia Nazionale Repubblicana, e fu destinato ad operare contro le bande partigiane in Piemonte. La partenza del "Leonessa" da Montichiari fu celebrata con una commovente cerimonia, nel corso della quale le donne fasciste della cittadina offrirono al Gruppo il gagliardetto di combattimento. Le due Compagnie del "Leonessa" compirono attività prevalentemente antipartigiana in Piemonte ed in Lombardia. In queste due regioni il Gruppo insediò numerosi piccoli distaccamenti operativi, spesso dotati soltanto di uno o due mezzi corazzati, garantendo una presenza capillare che permetteva di presidiare le zone considerate più a rischio e le

---

3   Capo delle SS e della Polizia in Italia.

installazioni militari ed industriali più importanti. Il "Leonessa" partecipò anche ad operazioni di vasto respiro, come la liberazione di Alba, della Val d'Ossola, l'operazione Nachtigal nelle Valli Germinasca e Pellice. Un'altra attività di fondamentale importanza svolta dai mezzi blindati del Gruppo fu il pattugliamento costante dell'autostrada Milano - Torino, nodo viabilistico di primaria importanza, che collegava la vera capitale della Repubblica Sociale con il più importante polo industriale del Nord Italia. Costante fu l'afflusso di nuovi legionari lungo i venti mesi di vita del "Leonessa", i più giovani provenivano dalle Fiamme Bianche[4], gli ufficiali di fresca nomina dalle Scuole Allievi Ufficiali della G.N.R.; l'organico continuò a crescere e, grazie alla ininterrotta opera di recupero di mezzi corazzati, raggiunse la consistenza, a fine guerra, di ben quattro Compagnie, oltre ad un reparto distaccato presso il Comando Generale della G.N.R., uno di rinforzo al Battaglione "M" "Venezia Giulia", una Compagnia di Formazione a Milano, una Batteria di cannoni da 75/27 e numerosi Servizi. Molti dei volontari che affluivano nelle Forze Armate repubblicane chiedevano espressamente di entrare tra le fila del Gruppo, preferendolo alle Divisioni dell'Esercito Nazionale Repubblicano. Il tenente Savoia, che possedeva terreni agricoli nel mantovano, mise a disposizione le derrate prodotte dai suoi fondi per provvedere alle necessità alimentari del Gruppo.

Nel luglio 1944 un reparto fu dislocato tra Parma, Piacenza e la Val Trebbia, non solo per preservare la zona dagli attacchi dei partigiani, ma soprattutto per presidiare i pozzi petroliferi dell'AGIP di Montechino, che fornivano prezioso carburante, unici in Italia. Il greggio prelevato dai pozzi veniva trasportato per mezzo di autoveicoli in fusti da 200 litri. Dopo una sosta a Piacenza la colonna motorizzata, di notte, al fine di evitare attacchi aerei, su pontoni predisposti dal Genio Pionieri della Wehrmacht attraversava il Po per raggiungere Milano, dove la raffineria Oleoblitz procedeva alla distillazione del greggio. Una parte del carburante restava al "Leonessa", in quantità tale da assicurare il funzionamento dei mezzi motocorazzati in dotazione al Gruppo. Il resto andava alla Wehrmacht ed alle Forze Armate italiane.

Il 25 luglio 1944 si tenne una grande sfilata della Guardia Nazionale Repubblicana per le vie del centro di Milano, in occasione del primo anniversario del "colpo di stato" con cui fu destituito Mussolini: il "Leonessa" inviò una rappresentanza della forza di una Compagnia appositamente da Torino per partecipare alla cerimonia. In questa occasione il generale Ricci consegnò la bandiera di combattimento al "Leonessa", prima della sfilata: il Gruppo Corazzato "M" "Leonessa" fu così l'unico reparto corazzato della Repubblica Sociale Italiana a ricevere un vessillo di guerra, costituito da un tricolore caricato dall'aquila repubblicana con fascio littorio tra gli artigli.

In Piemonte intanto proseguivano senza tregua le azioni antipartigiani e l'attività di pattugliamento, che continuarono fino al termine del conflitto, e l'appoggio ad altre unità delle Forze Armate repubblicane. In agosto il "Leonessa" partecipò fattivamente ad una vasta operazione che portò alla rioccupazione della Valle d'Aosta, rimasta isolata per alcuni mesi. Nel seminterrato di un grande albergo di Saint Vincent furono ritrovati otto trattori d'artiglieria SPA TL37, con cui fu costituita una Batteria Leggera Motorizzata d'artiglieria.

Il comandate Swich era molto amato dai suoi legionari, suscitava in tutti simpatia e sicurezza, con la sua naturale cordialità. Il tenente colonnello visitò ripetutamente tutti i reparti del "Leonessa", anche i presidi più piccoli, accompagnato da una piccola scorta, composta dla motociclista Valeriano Baccinelli, dall'autista Albino Medagola e dal fedele ufficiale addetto tenente Domenico Lena. La selezione, sia fisica che politica, era estremamente scrupolosa e solo chi si dimostrava capace e disciplinato poteva restare nel Gruppo; il rancio era uguale sia per gli ufficiali che per i legionari. Chi non aveva il brevet-

---

4   I reparti Fiamme Bianche furono costituiti tra gennaio e febbraio 1944, alle dirette dipendenze del Comando Generale della Guardia Nazionale Repubblicana. Erano formate da circa 2.000 giovanissimi volontari, inquadrati in quattro Battaglioni di Avanguardisti, che furono addestrati nel campo di Valdastico (VI). Al termine dell'addestramento due Battaglioni furono dislocati lungo il confine svizzero, nei pressi di Marzio (VA), mentre gli altri due furono sciolti e gli avanguardisti andarono a rinforzare le fila della Legione Autonoma Mobile "Ettore Muti", del Battaglione "Roma" della G.N.R. e del Gruppo Corazzato "Leonessa".

to di guida per i mezzi corazzati seguiva un breve corso sia sugli automezzi che sui blindati, prima di essere destinato al reparto definitivo.

Nella seconda metà del 1944 si sentì la necessità di disporre di un Distaccamento anche a Milano ed a dicembre furono organizzate anche una Compagnia di Formazione ed un'Officina sussidiaria per il ripristino dei mezzi corazzati recuperati nella città lombarda. Se solo saltuariamente il Distaccamento di Milano fu impiegato in compiti di ordine pubblico nella città, costante fu invece il suo sforzo, insieme ai reparti del "Leonessa" di Torino, per garantire la sicurezza delle autocolonne, che trasportavano viveri per le due grandi città. Un efficiente deposito di carburanti venne organizzato nel capoluogo lombardo con annesso servizio assegnazione carburante ai diversi reparti del "Leonessa".

A giugno dello stesso anno era stata costituita la 3ª Compagnia del Gruppo, che venne decentrata nel piacentino all'inizio del 1945, unitamente alla 4ª Compagnia, con l'appoggio logistico del Distaccamento di Milano. Il compito di queste due Compagnie era quello di presidiare e di difendere gli impianti di estrazione petrolifera dell'alta Emilia, impianti di modesta capacità, ma fondamentali per le necessità di carburante del Gruppo.

Il 6 dicembre 1944 il Gruppo Carri "Leonessa" ottenne l'autorizzazione a fregiarsi del distintivo d'onore "M" ed il reparto mutò denominazione in Gruppo Corazzato "M" "Leonessa". Questa la motivazione con cui fu concesso il distintivo al Gruppo: "*Solido e fiero, anche nei periodi più tragici della vita nazionale, partecipava alla dura lotta contro le bande di fuorilegge, testimoniando con l'eroismo e con il sangue versato, l'alto senso del dovere e del sacrificio di cui è animato. Partecipò, sia organicamente, sia in unione con altri reparti della G.N.R., a molte operazioni di polizia speciale nelle zone di Susa, Ivrea, lago maggiore. Subì perdite di Ufficiali e Legionari e ottenne varie ricompense al valore per atti eroici compiuti dai sui componenti*".

Il 18 dicembre Mussolini visitò la caserma "Medici" della Guardia Nazionale Repubblicana, durante le sue tre "giornate milanesi", passando in rassegna una rappresentanza del "Leonessa" schierata nel cortile della caserma.

La 1ª e la 2ª Compagnia del "Leonessa", di stanza a Torino al comando del tenente colonnello Priamo Swich, compirono attività prevalentemente antipartigiana in Piemonte ed in Lombardia. In queste due regioni il Gruppo insediò numerosi piccoli distaccamenti operativi, spesso dotati soltanto di uno o due mezzi corazzati, garantendo una presenza capillare che permetteva di presidiare le zone considerate più a rischio e le installazioni militari ed industriali più importanti.

Il "Leonessa" continuò a svolgere i compiti assegnati in Piemonte, Lombardia ed Emilia per tutti i primi mesi del 1945, anche quando ormai gli Alleati si apprestavano a dilagare nella Pianura Padana. Intanto il Comando Generale della G.N.R. metteva a punto un piano operativo per affrontare gli ormai prossimi giorni dell'attacco finale. Le disposizioni furono emanate ai primi di aprile agli Ispettorati Regionali ed ai Comandi Provinciali, attraverso una lettera riservata del generale Nicchiarelli, Capo di Stato Maggiore della G.N.R., con oggetto "*Esigenza Zeta*". Quella ricevuta dal Comando del "Leonessa" aveva il seguente contenuto: "*L'eventuale movimento di ripiegamento, quando iniziato, deve essere condotto, sull'itinerario stabilito e successivamente proseguito, senza soste, sino a Lecco per concludersi in Valtellina. A Lecco dovete prendere accordi con locale Comando Tappa della G.N.R. che vi indicherà la località da raggiungere. Qualora improvvise ed imprevedibili emergenze rendano difficile od impossibile il ripiegamento sull'itinerario già previsto potrete apportare agli itinerari prescritti quelle variazioni che la situazione contingente imporrà o consiglierà. L'essenziale è raggiungere col massimo numero di uomini e la maggiore quantità possibile di materiale (specialmente munizioni e viveri), la Valtellina. Per raggiungere tale essenziale scopo dovrete agire con massima energia. Poiché non è possibile prevedere l'eventuale corso degli avvenimenti e lo sviluppo della situazione che potrebbe impedirmi di impartirvi le disposizioni necessarie, vi accordo, in merito a quanto sopra, l'indispensabile libertà di azione. Restano ferme le istruzioni a suo tempo impartite circa le modalità del ripiegamento (A - tempestivo; B - improvviso)*".

Al momento dell'insurrezione dei partigiani, tutti i reparti del "Leonessa", dovunque erano dislocati, seguirono gli ordini impartiti dal Comando Generale e cercarono di ripiegare ordinatamente in Valtellina, anche se furono impossibilitati a portare a compimento questo proposito dal precipitare degli eventi. Il Distaccamento di Piacenza, prima di lasciare la città emiliana, contrastò con un carro M14 e tre semoventi da 47/32 L40, le avanguardie americane che il 25 aprile tentavano di entrare nella città; nel corso di uno scontro protrattosi per ore perse la vita per salvare i suoi commilitoni il sottotenente Rinetti, che comandava il plotone di blindati. Il resto del Distaccamento riuscì ad attraversare il fiume Po la sera del 27 aprile e si arrese a Cassano d'Adda (MI) agli Americani il giorno 30. Il Distaccamento di Milano costituì l'avanguardia della colonna che giunse a Como nella mattina del 26 con lo scopo di raggiungere la Valtellina, ma finì nelle mani dei partigiani. Anche la Batteria di Bergamo tentò di portarsi a Como, ma la sera del 26 aprile si dovette dividere in due colonne, la prima delle quali sostenne un duro combattimento alle porte di Lecco, sul lago di Como, al termine del quale gli ufficiali fascisti furono passati per le armi. La seconda colonna si arrese invece la sera del 27 aprile a Cisano Bergamasco (BG). I reparti di Torino rimasero in posizione nella città fino alla sera del 28 aprile, quando le unità repubblicane della città, riunitesi in colonna, si misero in marcia verso Chivasso. A Strambino Romano, vicino ad Ivrea, i fascisti si asserragliarono in attesa degli Alleati, che arrivarono solo il 5 maggio, ai quali si consegnarono prigionieri, dopo aver ricevuto l'onore delle armi. Si concluse così la breve ma intensa storia del Gruppo Corazzato "M" "Leonessa", che lamentò 52 caduti, l'ultimo dei quali assassinato al rientro dalla prigionai a Pinerolo nel febbraio 1946.

▲ Dopo la caduta di Mussolini, ai militari della Divisione Corazzata "M" furono sostituiti i fascetti al bavero con le stellette regie e furono distribuite bustine grigioverdi al posto dei fez neri. Questi cambiamenti sono evidenti in questa immagine, scattata alcuni giorni dopo l'Armistizio, allorquando i reparti della Divisione incontrarono le prime unità tedesche, a cui dovettero riconsegnare i mezzi corazzati ricevuti dalle autorità germaniche (BA).

▲ I due carri disposti ai due lati di Palazzo Wedekind, sede romana del ricostituito Partito Fascista, sotto gli occhi di una piccola folla di curiosi (Crippa).

▼ Vicino ad uno dei due carri sono visibili anche un FIAT 626NM, reimpiegato dai militari del "Leonessa" ed una vettura civile predisposta per marciare a gas (Crippa).

▲ I carri appartenevano al 3° Reggimento Carristi ed erano giunti a Roma poco prima dell'Armistizio per armare il IX Battaglione Carri in ricostituzione, presso il deposito del 4° Regg.mento Carristi (Crippa).

▲ La pattuglia di carri armati del Leonessa era completata anche da una camionetta Desertica modello 43 disarmata, veicolo realizzato in pochi esemplari prima dell'Armistizio. Con ogni probabilità anche quest'ultima era stata prelevata dal deposito di Forte Tiburtino (Crippa).

▼ Capomacchina di una AB 41 del Gruppo Corazzato "Leonessa" nei primi mesi di vita del reparto. Il militare indossa ancora la vecchia uniforme della Milizia con i fascetti al bavero (in questo caso addirittura una giacca sahariana) e sul casco ha dipinto il teschio con tibie incrociate, fregio dell'unità (Tallillo).

▲ Alcuni legionari del "Leonessa" montano la guardia all'ingresso del Palazzo. Il sottufficiale indossa l'uniforme grigioverde della disciolta Milizia, mentre i carristi portano, sopra la combinazione di tela turchina per gli equipaggi dei carri armati, un cinturone da ufficiale con spallaccio. Sul petto della tuta, fatto assolutamente fuori ordinanza, hanno i nastrini delle decorazioni e come fregio delle bustine nere hanno la "M" rossa (Crippa).

▲ Il gagliardetto del Gruppo Corazzato "Leonessa", donato dalle donne fasciste di Montichiari al Gruppo prima della partenza per Torino (Borgatti).

▲ Il pluridecorato tenente colonnello Priamo Swich, comandante del Gruppo Corazzato "M" "Leonessa", qui ancora in uniforme della disciolta M.V.S.N. (Borgatti).

▲ Il tenente Morandi del "Leonessa" con l'equipaggio del suo carro armato: tutti indossano la nuova tenuta blu scuro di taglio simile a quella dei carristi tedeschi (Borgatti).

▲ Carro M13/40 del Gruppo Corazzato M "Leonessa" in azione antipartigiana nell'estate del 1944, probabilmente nelle campagne piemontesi. Il mezzo appare dipinto in giallo sabbia (Borgatti).

▼ Una autoblindo AB41 Gruppo Corazzato M "Leonessa" fotografata durante la stessa operazione dell'immagine precedente, nell'estate del 1944 (Borgatti)..

▲ Primo piano del tenente Morandi sulla torretta del suo carro M13/30 (Borgatti).

Carristi - Automobilisti - Legionari d'Africa, di Russia e di Spagna

La Patria vi chiama!

La Patria non si nega, si conquista!
Alle armi - Alle armi - Alle armi!
Il nemico è a Roma, ma Roma vivrà!
Il grido Garibaldino: o **Roma o morte!**
Sia il vostro, il nostro grido
Il grido di tutta la gioventù d'Italia!

A R R U O L A T E V I !

nel

Gruppo Carri "Leonessa,, della Guardia

Via Asti - TORINO - Via Asti
RIVOLGETEVI O SCRIVETE PER INFORMAZIONI

Fascisti Repubblicani, fatevi avviare dai vostri centri federali di arruolamento al

Gruppo Carri "LEONESSA"

Legionario "M,, Carrista.

Dal felice connubio dell'arditismo legionario e del ponderato coraggio carrista è nata la figura perfetta del nuovo legionario di Mussolini: il legionario "M,, carrista della "Leonessa,,.

Siamo gli eredi ed i custodi del valore legionario che in Albania e in Russia scrisse pagine di eroismo.

Siamo altresì gli eredi ed i custodi del valore carrista che in terra d'Africa scrisse le più belle pagine di eroismo.

Nelle "Leonessa,, militano infatti i vecchi legionari "M,, dell'Armir ed i carristi delle Divisioni "Ariete,, "Littorio,, "Centauro,,. Eredi e custodi di tanto glorioso passato guerriero. Noi della "Leonessa,, fermamente decisi a perpetuarlo, ci consideriamo i più perfetti soldati della Repubblica Sociale Italiana.

◄ Il "Leonessa" pubblicò anche un proprio periodico *"Noi della Leonessa"*, nel quale venivano pubblicati articoli inerenti all'attività del Gruppo, aneddoti personali ed accattivanti pagine pubblicitarie, che incitavano all'arruolamento volontario nel reparto (Crippa).

▲ Carro armato L3 del legionario Gavarini fotografato in zona d'operazioni. Molto interessante l'uso di indumenti mimetici fuori ordinanza da parte di entrambi i carristi (Borgatti).

▲ Questo carro armato del "Leonessa" appare pesantemente mimetizzato, ma spicca ancora sulla torretta l'M rossa, che spesso su altri mezzi fu invece coperta dalle tinte mimetiche. L'immagine è dunque stata scattata dopo l'autunno del 1944 (Borgatti).

I REPARTI DEL "LEONESSA"

1ª e 2ª Compagnia

Le prime due Compagnie del Gruppo Carri "Leonessa" furono formate immediatamente dopo il trasferimento dell'unità da Roma a Montichiari, il 29 settembre 1944. Inizialmente, era prevista la formazione di tre Compagnie da inserire in organico, 1ª Compagnia Carri, 2ª Compagnia Guastatori e 3ª Compagnia Arditi Autocarrata. Come abbiamo visto il reparto soffrì per diversi mesi di carenza di mezzi corazzati e, per questo motivo, la 1ª Compagnia Carri fu quasi subito sostituita dalla 3ª Compagnia, che diventò così 1ª Compagnia Arditi Autocarrata. Quest'ultima dislocata nei pressi di Brescia per l'addestramento, era comandata dal capitano Aristide Lissa, mentre la 2ª Compagnia era comandata dal capitano Zerbio. A Montichiari le due Compagnie furono sottoposte ad un intenso ciclo addestrativo, mentre gli ufficiali si prodigarono in una intensa opera di recupero di mezzi corazzati e di armamenti, dispersi un po' dovunque a causa dell'Armistizio. In questo modo il reparto poté giurare il 9 febbraio 1944 a Brescia, dopo avere rischiato di essere sciolto per mancanza di carri armati, per essere poi trasferito a Torino. Qui la 1ª Compagnia fu dislocata presso al Caserma "Dogali" e la 2ª presso la caserma "Da Bormida". La città era quasi sotto assedio, stretta da gruppi di ribelli che tentavano di impedire il transito, sia civile che militare, lungo la principale arteria di comunicazione del capoluogo piemontese, l'autostrada Milano – Torino.

Dalla nuova sede di Torino, il "Leonessa" fu pertanto quasi subito impegnato in una serie di azioni antiguerriglia nel Pinerolese, dove subì le prime perdite. Il reparto ebbe il battesimo del fuoco il 21 marzo, quando, su ordine del generale delle SS Peter Hansen, i 500 uomini del Battaglione "Debica" delle SS Italiane iniziarono una vasta operazione di rastrellamento nella Valle Lucerna, dove si era stanziato un nucleo di garibaldini della IV Brigata "Pisacane". All'attacco parteciparono anche una AB41 ed un carro medio del Gruppo Corazzato della G.N.R., che avevano il compito di fungere da apripista agli uomini appiedati, per il timore, rivelatosi poi infondato, che i partigiani disponessero di pezzi d'artiglieria. Nel complesso l'operazione fu un successo, ma il "Leonessa" subì un duro colpo. Nel corso dell'azione in alta Valle, i due blindati furono improvvisamente separati dai militi delle SS Italiane, a causa di una frana provocata dall'esplosione di una mina, fatta brillare da un manipolo di partigiani in agguato. I mezzi furono investiti da una pioggia di bombe a mano ed ordigni rudimentali, uno dei quali centrò l'autoblindo, che cadde nel torrente sottostante. L'equipaggio di tre uomini perse la vita ed altri quattro legionari ed un sottufficiale furono fatti prigionieri dai partigiani.

Da questo momento i carri e gli uomini delle prime due Compagnie del "Leonessa" furono impegnati in una continua attività antiguerriglia in tutto il Piemonte in concerto con unità di altri reparti della G.N.R., della Decima MAS e, successivamente, anche delle Brigate Nere. Decisivo fu il supporto del Gruppo per allentare la pressione partigiana su Torino ed una consistente parte del "Leonessa" permise di forzare i blocchi partigiani che impedivano l'accesso alla Valle d'Aosta ed alla Valle di Susa. Un plotone di carri fu dislocato in appoggio temporaneo ai reparti dell'Esercito Nazionale Repubblicano di guarnigione al Forte Chaberton, lungo il confine francese; vennero anche creati due distaccamenti, uno a Moncalieri, presso l'ex – palazzo reale, ed uno presso lo stabilimento R.I.V. di Cimena, succursale della FIAT. Un'altra importante operazione fu compiuta da una Compagnia di Formazione del Gruppo, che effettuò rastrellamenti nella Val di Lanzo tre il 25 aprile ed il 7 maggio, insieme alla 3ª Compagnia del 14° Reggimento della SS Polizei.

◄ **Capitolo "1a e 2a Compagnia"** Foto di gruppo di alcuni ufficiali del "Leonessa", che ci permette di avere una panoramica di molti dei tipi di uniformi utilizzate da questo reparto. Da sinistra il sottotenente Gioni, con l'uniforme nera di ispirazione tedesca, il capitano Ruocco, promosso poi maggiore, che indossa ancora l'uniforme da ufficiale della disciolta Milizia, il sottotenente Lena, anch'egli con l'uniforme grigioverde ed infine il sottotenente Stabile, con il basco nero ed una giacca sahariana fuori ordinanza fatta con tessuto mimetico italiano (Venditti).

Il 23 maggio il Gruppo Corazzato "Leonessa" si presentò per la prima volta in pubblico a Torino, sfilando in forze lungo un percorso che si snodava da piazza Carlo Felice, passando per via Roma e raggiungendo piazza Castello, da dove lo sfilamento fece ritorno alla Stazione di Porta Nuova, punto di partenza. Tra il 27 maggio ed il 4 giugno, il Gruppo Carri "Leonessa" condusse una vasta operazione di rastrellamento tra le provincie di Biella ed Ivrea, catturando 33 partigiani e 3 ex prigionieri australiani, sfuggiti alla reclusione, recuperando materiale e vestiario militare, consegnato al Comando Germanico di Torino. All'alba del 28 il "Leonessa" prese parta anche alla cosiddetta operazione "Hamburg", vasta azione contro i partigiani nella zona a nord di Torino, compresa tra Chatillon, Gressoney, Biella, Cavaglià, Caluso, Rivara, Ronco e Dondena. A questa operazione presero parte, oltre ad una Compagnia del Gruppo "Leonessa", appoggiata da due carri armati e due autoblindo, reparti della G.N.R. di Torino e di Vercelli, una Compagnia della G.N.R. Confinaria ed un reparto della Legione "Muti" di stanza a Cuneo, il 15° Reggimento motorizzato germanico su due Battaglioni, un Battaglione della Polizei e 150 uomini dei reparti doganali tedeschi.

La struttura su due Compagnie fu mantenuta dal "Leonessa" sino al giugno del 1944, quando, grazie al costante afflusso di uomini e mezzi corazzati, fu possibile ristruttura l'intero Gruppo, che andò così ad essere formato da tre Compagnie. I carri armati furono concentrati nella 1ª Compagnia Carri, le autoblindo e le autoprotette nella 2ª Compagnia Autoblindo e d il personale appiedato nella 3ª Compagnia Arditi, costituita proprio in quel periodo.

Le Compagnie dislocate in Piemonte presero parte anche ad importanti operazioni nell'autunno 1944, fornendo uomini e mezzi per la liberazione di Asti e la riconquista della Valdossola, a cui parteciparono una Compagnia di formazione con 5 carri M ed un plotone di 10 autoblindo AB41. Alla fine di questo ciclo operativo fu distaccato definitivamente un carro M con il suo equipaggio presso il Comando del II Battaglione Ciclisti d'Assalto "Venezia Giulia" a Baveno. La Brigata Nera "Cristina" di Novara aveva intanto ottenuto di avere in appoggio una AB41 del "Leonessa", che fu impiegata in numerose operazioni contro le bande partigiane.

Un plotone di autoprotette della 1ª Compagnia (con 2 AB41) ed un plotone di carri armati della 2ª Compagnia (con tre carri M14) contribuirono alla rioccupazione di Alba (CN) il 2 novembre 1944, in appoggio ai Raggruppamenti tattici comandati dal colonnello Ruta, formati da reparti dell'Esercito, della Guardia Nazionale Repubblicana, della Polizia Repubblicana e delle Brigate Nere.

Le operazioni antipartigiani e di scorta ai convogli dei reparti della sede di Torino continuarono incessanti. I numerosi rapporti fatti dal comandante Swich al Comando Generale della G.N.R., relativi alle attività svolte dai presidi piemontesi, dimostrano quanto fu intensa l'attività compiuta contro le bande partigiane, anche in appoggio ad altri reparti italiani e tedeschi e nel corso delle operazioni si lamentarono anche alcuni feriti e caduti. In questi documenti Swich annotò minuziosamente quanto successe giorno per giorno, menzionando tutti i presidi, piccoli e grandi, fissi e temporanei, le operazioni da essi svolte, gli organici ed i mezzi a disposizione. I reparti non impegnati in compiti bellici si dedicavano all'addestramento con le armi e seguivano lezioni teoriche e pratiche di motoristica e sulle materie tecniche utili alla condotta della guerra.

Le Compagnie del "Leonessa" dislocate a Torino parteciparono per l'ultima volta in forze ad una sfilata pubblica il 23 marzo 1945, in occasione dell'annuale anniversario di fondazione della Milizia, per le fredde e nebbiose vie del capoluogo piemontese. Il giorno precedente un reparto del Gruppo Corazzato "M" "Leonessa" aveva partecipato, con un carro armato e un'autoblindo, ad un'operazione di rastrellamento nel territorio di Varallo Sesia in appoggio di reparti tedeschi e con un altro carro armato M13/40 a rastrellamenti in territorio di Gravellona Toce.

Tra il 6 e il 9 marzo 1945 ci fu l'ultimo importante scontro tra le forze della R.S.I. e le forze partigiane piemontesi nella zona di Cisterna d'Asti (AT). Un plotone di legionari della 1ª Compagnia, con l'appoggio un'autoblindo ed un'autoprotetta, fornirono supporto alla colonna dei repubblicani, guidata dal maggiore Gino Cera della Compagnia Ordine Pubblico della G.N.R. di Torino, composta dai reparti del R.A.P. stanziati a Torino ed Alba, un reparto della Brigata Nera "Ather Capelli" di Torino, da una Compagnia del Battaglione O.P. della Guardia Nazionale Repubblicana torinese e da un nucleo di marò della Decima MAS. Dopo duri combattimenti le forze repubblicane espugnarono le basi partigiane di Cisterna d'Asti e Santo Stefano Roero. Proprio in quest'ultima località si svolse lo scontro a fuoco più cruento tra l'8 ed il 9 marzo. La colonna fascista, che fu bloccata dal fuoco partigiano appena fuori dal paese, era così composta: in testa vi era un'autoblindo del "Leonessa" comandata dal sottotenente Fossati, seguita da un autocarro carico di legionari, da un'autoprotetta, comandata dal sottotenente Berneschi e, infine, altri automezzi degli altri reparti militari repubblicani. I mezzi furono investiti da una pioggia di proiettili provenienti dalla collina prospiciente la strada; entrambi i blindati risposero immediatamente al fuoco. L'AB41 di testa fu colpita ad un fianco e rimase immobilizzata per l'esplosione di uno pneumatico e molti dei militi a bordo del primo autocarro rimasero uccisi, così come rimase ucciso il sottotenente Berneschi, colpito alla fronte mentre si sporgeva dalle paratie dell'autoprotetta nel momento il veicolo balzava in avanti per rispondere al fuoco nemico. L'autoprotetta fu colpita e prese fuoco; Berneschi ordinò ai suoi sottoposti di fuggire e, proprio mentre lui ne copriva la ritirata con la mitragliatrice di bordo, fu falciato da una raffica al petto. Mentre la colonna indietreggiava verso il paese, fu ferito anche il sottotenente Fossati, che tentava di sostituire lo pneumatico danneggiato della sua autoblindo. La colonna rimase bloccata nell'abitato di Canale e la situazione fu sbloccata la mattina successiva grazie all'intervento del Raggruppamento d'Artiglieria del R.A.P., partito da Torino con urgenza in soccorso della colonna. L'operazione permise di riprendere il controllo delle linee ferroviarie che collegavano Genova e Torino, continuamente minacciate e disturbate da attacchi partigiani. Fu ingente il bottino di armi e munizioni sottratte ai partigiani.

Nel capoluogo piemontese l'ufficio politico della G.N.R. era venuto a conoscenza del piano insurrezionale del C.L.N. già dal 20 aprile: il sollevamento doveva essere scatenato dai G.A.P. con l'appoggio di un contingente di partigiani, che si stava schierando a pochi chilometri da Torino. Nel tardo pomeriggio del 24 aprile il comandante Swich chiamò a rapporto tutti gli ufficiali del Gruppo presenti a Torino presso la caserma di via Asti, dove comunicò che il C.L.N. aveva chiesto in un ultimatum la resa dei reparti fascisti. Nell'ambito del piano di emergenza predisposto dalle autorità militari della città, il "Leonessa" aveva disposto delle postazioni difensive (in via Asti, sede del Comando Provinciale della G.N.R., su alcuni ponti cittadine e presso la Prefettura) per contrastare l'eventuale avanzata partigiana. Swich visitò le caserme cittadine del Gruppo, invitando alla calma i legionari ed ordinò di non aprire il fuoco contro i partigiani, se non attaccati, per evitare lo spargimento di sangue fraterno, Per tutta la notte alcuni carri del "Leonessa" pattugliarono la città, rimasta sostanzialmente tranquilla. La mattina del 26 aprile, in una città quasi fantasma, i partigiani sferrarono l'attacco e riuscirono ad occupare alcuni punti nevralgici, come il municipio, le stazioni ferroviarie ed alcuni stabilimenti. Pronta e decisa fu la reazione dei reparti della Repubblica Sociale. I corazzati del "Leonessa" parteciparono alla rioccupazione degli edifici conquistati dagli insorti, sventando anche un assalto alla Prefettura e fu quasi interamente ripresa la FIAT da un reparto del Gruppo, comandato dal colonnello Cabras. Il municipio venne rioccupato verso mezzogiorno da un plotone di militi della Brigata Nera Capelli, appoggiati da due carri armati del "Leonessa", comandati dal sottotenente Stornelli. Verso sera fu liberata anche la caserma della Polizia prospiciente la caserma "Cernaia", dove si trovava la sede della Brigata Nera "Capelli". L'attacco venne sferrato intorno alle 18 da un plotone della Brigata Nera, da 4 carri armati, 3 autoblindo ed un plotone appiedato del "Leonessa". L'azione ebbe termine alla sera, quando fu sfondato il portone dell'edificio dai carri armati a colpi di cannone ed i repubblicani poterono rioccupare l'edificio. I combattimenti in città si protrassero fino al 27 aprile; il capoluogo era ancora in mano alle forze repubblicane, la battaglia si faceva via via più cruenta ed i tentativi di stipulare una tregua condotti dall'Arcivescovo fallirono per la decisa intenzione dei repubblicani di non arrendersi

▲ Ufficiali del "Leonessa" posano di fronte ad un carro M13 parcheggiato nel cortile della caserma "La Marmora" in via Asti a Torino: da sinistra il sottotenente Lena, il tenente colonnello Swich, il maggiore De Marchi, il sottotenente Ferrari ed il sottotenente Gioni (Venditti).

al Comitato di Liberazione Nazionale. Sul ponte sul Po, nei pressi di piazza Vittorio, il "Leonessa" aveva posto un carro M13, per impedire ogni tentativo di infiltrazione nella piazza, mentre cinque carri e due autoblindo pattugliavano in continuazione la città, poiché si temeva un attacco in massa degli insorti e si credeva imminente l'arrivo degli Anglo – Americani, ai quali i fascisti avrebbero voluto cedere le armi. Il carro di piazza Vittorio venne attaccato una prima volta in mattinata da un gruppo di partigiani, che lo colpirono alla torretta, senza causare danni, dalla finestra di una palazzina con un colpo di bazooka. Un nuovo attacco fu portato nel pomeriggio al carro fermo sul ponte sul Po dallo stesso gruppo di partigiani della mattina. Questa volta il blindato fu colpito irrimediabilmente ad un cingolo da bomba a mano: i legionari tentarono di reagire all'attacco, ma dovettero abbandonare il mezzo, divenuto ormai inservibile, al calare delle tenebre. Con la protezione di un'autoblindo del "Leonessa", un autocarro della Brigata Nera "Capelli" riuscì a recuperare un gruppo di Fiamme Bianche che si erano asserragliate dal giorno precedente alla Casa Littoria e che erano sotto assedio partigiano, portandoli in salvo alla caserma "Cernaia". Con l'arrivo della sera le sparatorie aumentarono di intensità ed i mezzi blindati che circolavano per la città aprivano in continuazione il fuoco. Dopo una riunione tra le autorità politiche e militari cittadine emerse la necessità di lasciare il capoluogo per dare esecuzione alle direttive del "*Piano Esigenza Z.2 – B – Improvviso*". Alla sera i reparti fascisti di Torino si radunarono in piazza Castello, dove fu formata una colonna di circa 5.000 uomini, comandata dal colonnello Cabras e la cui protezione fu affidata al "Leonessa". La lunghissima colonna lasciò la città all'1 e 40 del 28, diretta in Lombardia, in ottemperanza agli ordini ricevuti, sotto una leggera pioggerella. All'uscita del centro abitato il movimento dei veicoli fu contrastato dal fuoco delle armi leggere e pesanti dei partigiani, ma la risposta fu immediata, grazie allo sbarramento effettuato dalle armi dei corazzati del Gruppo "Leonessa". La colonna passò per Chivasso e Cigliano, subendo anche attacchi aerei alleati. Nel tragitto un autocarro con rimorchio, carico di Fiamme Bianche e di militi della Brigata Nera di Torino, si ribaltò in una curva. Nell'incidente perirono alcuni degli occupanti del mezzo ed altri furono feriti; questi ultimi poterono essere portati all'ospedale solo grazie ad automezzi scortati dai blindati. La colonna infine raggiunse Strambino Romano (TO); i reparti, venuti a conoscenza per radio della morte di Mussolini, si acquartierarono in attesa degli eventi in una "*zona franca*", preservata dalle incursioni partigiane da posti di blocco e da pattuglie; molte altre unità in ripiegamento da altre zone del Piemonte e della Val d'Aosta confluirono nella zona, insieme con il 34° Corpo d'Armata tedesco del generale Schlemmer. Il generale Adamo Rossi, comandante militare della "*zona franca*", dove si trovavano ormai circa 15.000 persone, venuto a conoscenza della resa firmata da Graziani, prese contatto con gli Alleati e firmò egli stesso una resa alle 17.00 del 5 maggio 1945, dieci giorni dopo l'insurrezione partigiana. Prima di essere tratti in prigionia a Coltano, fu concesso l'onore delle armi agli ultimi reparti della Repubblica Sociale Italiana.

▲ Lo stesso gruppo di ufficiali di fronte al carro M13/40: sullo sfondo, a destra, un autocarro FIAT 666 del Gruppo (Venditti).

▲ Questa autoblindo AB41 del Gruppo "Leonessa" procede a marcia indietro durante un'operazione antipartigiana, per offrire maggiore protezione all'equipaggio, grazie alla presenza del motore. L'immagine è stata scattata
in aperta campagna, probabilmente nei dintorni del capoluogo piemontese; il veicolo è dipinto interamente in
giallo sabbia (Pisanò).

▼ Ufficiali del "Leonessa" nella caserma di via Asti a Torino nella tarda primavera del 1944 (Venditti).

▲ Schieramento di carri L3 e M13 del Gruppo Corazzato "Leonessa" nel cortile della caserma "La Marmora" a Torino; i legionari indossano ancora l'uniforme grigioverde con la giubba accorciata (Borgatti).

▼ Dettaglio dei carri M13/40 del "Leonessa" delle immagini precedenti (Borgatti).

▲ Primo piano di uno dei CV33 della foto precedente. La fotografia permette di apprezzare la disposizione della M rossa sopra la postazione delle mitragliatrici e dell'identificativo del carro ai lati della casamatta

▲ AS 43 Carrozzeria Speciale del Gruppo Corazzato "Leonessa" (Pignato).

▲ Curioso abbinamento di pneumatici Artiglio e Libia su questa autoblindo del Gruppo Corazzato "Leonessa", fotografata nel cortile della caserma "La Marmora" a Torino. La foto risale al 1944, quando i mezzi erano ancora dipinti in giallo sabbia, su cui spiccano le M rosse, posizionate sui parafanghi anteriori ed ai lati della casamatta; una M rossa era dipinta anche sul portello posteriore della torretta (Borgatti).

▲ Una interessante elaborazione eseguita sulla Camionetta AS43 fu questa autoprotetta armata con due mitragliatrici breda su supporto sferico, una in caccia ed una in ritirata. Non è noto il numero di esemplari prodotti, che furono tutti impiegati dalla 2ª Compagnia del "Leonessa" (Borgatti).

▲ Un altro L3 del "Leonessa", fotografato mentre viene messo in moto. I legionari indossano la prima versione dell'uniforme, quella in panno grigioverde con giubba corta ed il basco nero (Borgatti).

▼ AS43 Carrozzeria Speciale in manutenzione nel cortile della Caserma "Lamarmora" a Torino (Borgatti).

▲ La camionetta AS43 in versione Protetta del Gruppo Corazzato "Leonessa" per le vie di Torino nella primavera del 1944 (Arena).

▼ Il colonnello Giovanni Cabras, comandante Provinciale della Guardia Nazionale Repubblicana di Torino, mentre arriva sul luogo di una manifestazione, nell'autunno del 1944, accolto dai reparti schierati, tra cui, a destra, una rappresentanza di carristi del "Leonessa".

▲ Due carri M13/40 del Gruppo Corazzato "Leonessa" fotografati nel cortile del convento di Lanzo Torinese (TO) nell'estate 1944, circondati da allievi ufficiali della Scuola della G.N.R. di Rivoli.

▲ A partire da metà ottobre 1944, un carro M13/40 del "Leonessa", dopo avere partecipato alle operazioni per la riconquista della Valdossola, rimase a presidio ad Omegna, a disposizione del Battaglione "Venezia Giulia" della G.N.R., rimanendovi sino alla fine della guerra. In questa fcto degli inizia del 1945, alcuni elementi della 2ª Compagnia del Battaglione posano a bordo del carro, la cui colorazione mimetica è evidente (Aimone Finestra).

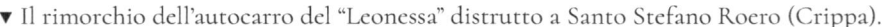

▲ A Santo Stefano Roero una colonna del Gruppo "Leonessa" cadde in una imboscata partigiana l'8 marzo 1945. Nella fotografia i resti di un autocarro del Gruppo a bordo del quale rimasero uccisi diversi legionari (Crippa).

▼ Il rimorchio dell'autocarro del "Leonessa" distrutto a Santo Stefano Roero (Crippa).

▲ L'autoprotetta del sottotenente Berneschi, falciato mentre cercava di proteggere con la mitragliatrice di bordo i commilitoni che si ritiravano. Dalla foto pare abbastanza evidente che si tratti di una AS43 Protetta (Crippa).

▼ I mezzi dei reparti italo – tedeschi a Strambino Romano (IV), dopo la resa agli Alleati. In primo piano si notano i mezzi corazzati del Gruppo Corazzato "Leonessa": partendo da destra, nella prima fila, un carro comando M15, un M14/41, un M15/42. Alle spalle, sempre da destra, tra carri M15/42 ed una camionetta AS43 Protetta (Borgatti).

▲ **Capitolo "Distaccamento Operativo di Piacenza - 3ª e 4ª Compagnia"** Il tenente Giorgio Savoia, ufficiale della 3ª Compagnia, morì in uno scontro con i partigiani il 22 gennaio 1945 a Montechino (Borgatti).

DISTACCAMENTO OPERATIVO DI PIACENZA - 3ª E 4ª COMPAGNIA

Il 20 agosto 1944 fu inviato a Piacenza da Torino un primo plotone del "Leonessa", comandato dal tenente Giovanni Ferraris. Il presidio, composto essenzialmente da personale appiedato, una cinquantina di legionari equipaggiati con solo due autoblindo, fu inizialmente impiegato soprattutto per scortare i convogli che viaggiavano per la provincia, infestata da partigiani, e, in modo particolare, per accompagnare i trasporti di petrolio greggio, prodotto dai vitali campi di estrazione petrolifera del piacentino. A fine estate giunsero a Piacenza anche un carro armato M ed un carro L6, in rinforzo al presidio cittadino, che stava partecipando a numerose azioni di rastrellamento e di polizia in concerto con unità italiane e tedesche. Il comando della base di Piacenza fu assunto dal capitano Bodda.

A giugno era stato possibile formare a Torino una 3ª Compagnia Arditi, grazie all'afflusso di nuovi legionari, dapprima dislocata nella caserma "Da Bormida" di Torino e trasferita a dicembre a Milano. Il 2 gennaio 1945 la 3ª Compagnia raggiunse la sede definitiva di Piacenza, dove fu rafforzata dal Plotone Motomitraglieri del tenente Savoia, con funzione di Reparto Esplorante. Da una relazione del tenente colonnello Swich del 20 gennaio si apprende che furono inviati a Piacenza complessivamente 7 ufficiali e 113 legionari, con in dotazione un carro M15/42, un carro L6/40, tre carri leggeri L3, due autoblindo AB41, due autoprotette, tre motocarrelli, dieci motociclette, un'automobile e due autocarri. Questa sede fu scelta perché Piacenza risultava facile da raggiungere ed un buon punto di partenza sia per proteggere le rotabili per la Lombardia e la Liguria che per difendere con maggiore efficacia gli impianti di estrazione del petrolio emiliani. La 3ª Compagnia del "Leonessa", comandata dal tenente Loffredi, raggiunse la zona petrolifera dopo che era stato effettuato un rastrellamento da parte di una Divisione di soldati mongoli, inquadrati nelle Forze Armate tedesche. La situazione nell'area rimase tranquilla per alcuni giorni, ma, intorno al 20 gennaio, ci furono i primi segni di ripresa dell'attività partigiana, che continuò ad impegnare i legionari fino ad aprile. La 3ª Compagnia fu dislocata a Montechino e si prestò anche a continue operazioni controguerriglia, creando numerosi presidi fissi di diversa consistenza, che neutralizzavano le azioni di disturbo delle bande partigiane.

A settembre del 1944 era stata disposta a Torino la creazione anche della 4ª Compagnia Mista, chiamata successivamente "Mario Bonomi" dal nome del primo caduto in combattimento del reparto. La Compagnia fu trasferita inizialmente ad ottobre a Milano ed a dicembre a Bergamo. Da qui la 4ª Compagnia raggiunse la 3ª Compagnia nel piacentino nel mese di gennaio, al comando del tenente Cocomello e fu posizionata a Rallo di Rivergaro (PC), equipaggiata solo di autoblindo; un gruppo di Fiamme Bianche formò il Plotone Arditi della Compagnia. A Bergamo però mantenne il Comando ed un reparto di presidio fino al 31 marzo. Questa Compagnia distaccò a Busseto, già a gennaio, un manipolo di uomini, guidati dal sottotenente Condemi, con un'autoprotetta, in appoggio al locale presidio della Brigata Nera di Parma, distaccamento che rientrò a Rallio di Rivergaro alla fine di marzo. Nel frattempo, la 3ª Compagnia fu ridistribuita: mentre i carri armati ed il Reparto Motociclisti Esploratori continuarono a fare base a Piacenza con la in funzione di reparto d'allarme, una piccola unità di 38 uomini fu inviata a difesa di Gropparello (PC) ed un'altra al castello di Montechino (PC).

A partire da inizio febbraio i reparti del Gruppo Corazzato "Leonessa" di stanza nel piacentino furono posti alle dipendenze del Kampfgruppe "Binz" per l'impiego operativo. Alla fine del mese i partigiani sferrarono violenti attacchi ai presidi emiliani del Leonessa, consapevoli dell'importanza rivestita dai pozzi petroliferi, la cui perdita avrebbe significato l'assoluta mancanza di rifornimento di carburante per la Repubblica Sociale. I legionari dei presidi, grazie alla instancabile presenza carismatica dei comandanti capitano Bodda e tenente Loffredi, resistettero strenuamente sino al 10 marzo, quando un battaglione della 29ª Legione SS Italiane riuscì a rompere l'accerchiamento, sbaragliando le bande partigiane. Durante gli scontri perse la vita il tenente Savoia, del quale gli stessi partigiani riconobbero il valore.

Dopo l'arrivo nel piacentino era stato predisposto anche un presidio che vigilava sui pozzi a Valleia (PC), composto dal Plotone Arditi della 4ª Compagnia al comando del vicebrigadiere Nazzari. Questo piccolo nucleo fu investito da un formidabile attacco a fine febbraio, che costrinse i legionari a ripiegare su Gropparello a fine febbraio. Qui si trovava, presso il castello, un distaccamento del "Leonessa", 24 uomini comandati dai sottotenenti Camaiora e Zenobi. Il 25 febbraio il castello fu circondato e messo sotto assedio da partigiani, armati anche di un cannone anticarro italiano da 47/32, che fiaccarono il morale dei legionari con continui attacchi. Nonostante il presidio fosse ancora in grado di resistere per diversi giorni e fosse in attesa di una colonna di soccorso partita da Piacenza, i due ufficiali scesero a patti con gli assedianti ed accettarono inspiegabilmente la resa alle 17.30 del 2 marzo. Tutti i legionari furono fatti prigionieri e l'autoblindo e l'autoprotetta del presidio finirono in mano dei partigiani. Il 4 marzo i tanto attesi rinforzi raggiunsero il castello di Gropparello, un Battaglione di SS Italiane con l'appoggio di due carri M ed un carro L6 del "Leonessa", che non poterono fare altro che constatare che il presidio si era arreso senza apparente motivo. In seguito ad uno scambio di prigionieri, i legionari e gli ufficiali del presidio di Gropparello poterono tornare in libertà; Camaiore e Zenobi, condannati a morte per codardia nei confronti del nemico da un Tribunale Militare appositamente istituito a Montechino, furono fucilati il 5 aprile, mentre i due blindati catturati furono successivamente recuperati dal "Leonessa".

I pozzi petroliferi di Montechino subirono pesanti attacchi aerei alleati ai primi di aprile, colpiti anche con bombe incendiarie al fosforo. I prolungati bombardamenti danneggiarono gli impianti, che continuarono comunque a funzionare fino al 19 aprile. Quella notte partì l'ultimo carico di greggio per Milano sotto l'incessante azione degli aerei nemici e degli attacchi delle bande partigiane. I presidi che vigilavano sui pozzi petroliferi ricevettero l'ordine di evacuazione il 20 aprile e nei giorni successivi gli uomini dei distaccamenti del "Leonessa" rientrarono a Piacenza a bordo di autocarri che facevano la spola, scortati da un'autoblindo. Il 26 aprile in città regnava la confusione: gli Alleati erano alle porte della città e molti reparti della R.S.I. e della Wehrmacht stavano evacuando. Le due Compagnie del "Leonessa" rimasero invece nel capoluogo e di prima mattina una pattuglia di due carri armati fu inviata verso sud, che vene in contatto con le avanguardie alleate. Un carro M15, comandato dal vicebrigadiere Donati, fu colpito dal fuoco nemico, ma l'intervento di un gruppo di legionari del Battaglione "Debica" delle SS Italiane permise di effettuare lo sganciamento. Poco più tardi un plotone di quattro carri armati, il cui comando era stato affidato al sottotenente Arnaldo Rinetti, studente universitario appena ventenne, uscì dalla caserma della G.N.R. diretto vero piazza della Lupa. I quattro blindati intercettarono truppe americane in avanscoperta ed ingaggiarono un furioso combattimento. I cannoni da 47 dei carri italiani spararono ininterrottamente per tre ore contro i blindati nemici, tenendoli inchiodati sul posto e permettendo l'allontanamento dei reparti italiani dalla città. Lo scontro fu durissimo ed il giovane sottotenente perse la vita: il carro di Rinetti fu infatti bloccato dal fuoco nemico ed il giovane sottotenente si sacrificò per i suoi compagni. Questo fu l'ultimo combattimento di carri armati italiani contro le forze corazzate alleate della Seconda Guerra Mondiale. Il "Leonessa" aveva posto un presidio presso il traghetto sul Po, per disarmare i soldati (specialmente delle Brigate Nere) che tentavano di fuggire dalla città verso nord, raccogliendo un ingente numero di armi automatiche, Panzerfaust e bombe incendiarie. Verso sera tutti i mezzi inutilizzabili ed i depositi di munizioni e carburante furono fatti saltare e le due Compagnie del "Leonessa" lasciarono definitivamente Piacenza. Dopo aver passato la notte e la mattina successiva asserragliati nelle case della periferia cittadina, le truppe iniziarono ad attraversare il fiume Po a San Rocco al Porto (LO) verso la sera del 27 aprile, sotto la guida del tenente Loffredi, con un drappello di una trentina di legionari disposto in retroguardia. Portando con sé alcuni prigionieri americani, la colonna si diresse verso nord, con l'intenzione di raggiungere Como. Durante il tragitto ci furono scontri a fuoco sia con i partigiani che con truppe americane e brasiliane, in particolare a Guardamiglio (LO), dove i reparti subirono anche un mitragliamento aereo da parte di tre aerei statunitensi P47, ed a Somaglia (LO) il 28 aprile. La marcia della colonna si arrestò, dopo altri combattimenti, nel tardo pomeriggio a Trecella, nei pressi di Cassano d'Adda (MI). Qui il tenente Loffredi tratto la resa con alcuni ufficiali americani, probabilmente della 36ª Divisione "Texas". Dopo un commovente discorso del tenente, i legionari consegnarono le armi in silenzio. Gli uomini del "Leonessa", fatti prigionieri, furono dapprima trasferiti a Montichiari e quindi al campo di prigionia di Coltano.

Negli ultimi giorni del conflitto due semoventi L40 del Distaccamento piacentino furono aggregati ad un reparto tedesco, con cui traghettarono il Po in località Mortizza. I semoventi, al comando del sottotenente Giancarlo Fazioli, presidiarono per tutta la notte del 25 aprile il pontile di partenza. Questo pugno di legionari, dopo aver dovuto abbandonare il semovente del sottotenente Fazioli che si era arrestato per un guasto meccanico, raggiunse Gorgonzola (MI), insieme ad un gruppo di SS Italiane, dove si dovette arrendere alle truppe americane.

Il presidio di Montechino, comandato dal tenente Ferrari, che era rimasto in posizione nonostante gli impianti fossero ormai inutilizzabili, ricevette il 20 aprile l'ordine di ripiegare su Piacenza. Da qui gli uomini di questo presidio, insieme al Gruppo Esplorante del sottotenente Elvezio Borgatti, attraversarono il Po la notte del 21 aprile e presero la direzione di Bergamo, dove seguirono la sorte del locale Distaccamento.

▲ Carro armato M15/42 del Gruppo Corazzato "Leonessa" fotografato probabilmente a Montechino (PC) nei primi mesi del 1945. Il mezzo, la cui corazzatura è mimetizzata con striature di colore scuro, è stato occultato con frasche, per renderlo meno visibile ad eventuali ricognitori aerei. (Lombardi).

▲ Il semovente L40 del sottotenente Fazioli, abbandonato sulle rive del Po all'alba del 28 aprile, ispezionato con curiosità da un partigiano (Borgatti).

▼ **Capitolo "Distaccamento di Milano"** Il Duce passa in rassegna una Compagnia di formazione del "Leonessa" nella caserma "Medici" a Milano il 18 dicembre 1944: i mezzi sono stati tutti mimetizzati (Borgatti).

DISTACCAMENTO DI MILANO

Il Distaccamento di Milano assolse le funzioni di base logistica e di appoggio ai reparti impegnati nel piacentino e di Centro di Addestramento dei giovani legionari, svolgendi anche compiti di ordine pubblico a Milano e provincia. Alla fine di ottobre del 1944, il reparto di addestramento del "Leonessa" fu trasferito da Montichiari a Milano, nella caserma del Reggimento "Savoia Cavalleria", dove fu formato il Distaccamento di Milano, al comando del maggiore Egidio Zerbio. Probabilmente il Distaccamento avrebbe dovuto formare, successivamente, un nuovo Battaglione corazzato autonomo dal Comando di Torino. Infatti, nelle settimane successive alla creazione del Distaccamento, la 3ª Compagnia Corazzata del "Leonessa" fu trasferita proprio a Milano; il Distaccamento fu inoltre dotato di una propria Officina e di un centro di distribuzione dei carburanti. Un altro compito del Distaccamento di Milano fu la gestione dell'approvvigionamento del carburante fornito, come abbiamo visto, dalla raffineria della Oleoblitz.

La Compagnia Addestramento, alloggiata nella stessa caserma, era dotata di un carro M13/40, un M14/40, due L3 ed un semovente L40 da 47/32 per svolgere i propri compiti addestrativi.

Il 18 dicembre 1944, durante la sua visita nella città meneghina, Mussolini visitò la caserma del Distaccamento di Milano, tenendo un discorso alla folla radunata, parlando dalla torretta del carro M15/42 del vicebrigadiere Donati. Per l'occasione erano stati inviati da Torino alcuni legionari e quattro mezzi corazzati, che formarono, con quelli già presenti a Milano, il reparto passato in rassegna da Mussolini. Presso il Comando dell'Opera Nazionale Balilla fu dislocato un carro armato M14/41 del Distaccamento di Milano dal 2 aprile 1945, guidato dal legionario scelto Michele Ruocco, figlio del maggiore Euro Ruocco, Aiutante Maggiore del "Leonessa". Il carro era stato inviato su richiesta personale del generale Ricci, che desiderava utilizzarlo per addestrare i reparti di Fiamme Bianche che sarebbero dovuti arrivare presso tale struttura, reparti che in realtà non arrivarono mai. La notte del 25 aprile Ricci fece preparare in tutta fretta il carro, sul quale salì a bordo insieme ad altri due uomini, tutti in abiti civili, ed intimò a Ruocco di dirigersi verso Olgiate Molgora (CO), con la scusa di andare a combattere con il Duce. In realtà presso il paese gli occupanti erano attesi da un'automobile, che si dileguò nella notte, dopo averli presi a bordo. Sul carro salirono altri due uomini in borghese e Ruocco si diresse verso Como, come ordinatogli dal generale Ricci prima di allontanarsi. A Lecco Ruocco si unì ad una colonna delle Brigate Nere, diretta anch'essa verso il capoluogo lariano, che però fu costretta alla resa dai partigiani nei pressi di Civate. Il carro fu successivamente impiegato dai partigiani contro la colonna del "Leonessa" del Distaccamento di Bergamo bloccata, come vedremo, a Pescarenico.

Il resto del Distaccamento di Milano si unì alla colonna fascista che, all'alba del 26 aprile, partì alla volta di Como, formandone l'avanguardia e la retroguardia; tutti erano convinti di riuscire a raggiungere la vagheggiata "ridotta" della Valtellina[1]. I carri arrivarono nella città lariana senza incontrare particolari difficoltà, percorrendo l'autostrada, lungo la quale furono fatti segno di alcuni colpi d'arma da fuoco da parte di sparuti gruppi di partigiani appostati sui cavalcavia. Nel tragitto un carro M15 si bloccò per un problema meccanico e, prima di abbandonarlo, l'equipaggio lo mise fuori uso definitivamente. Raggiunta Como, i reparti della G.N.R. si concentrarono nella caserma dei Granatieri "De Cristoforis", dove, in serata, dopo la comunicazione della resa della Guardia Nazionale Repubblicana firmata del generale Nicchiarelli, furono presentate le armi al tricolore repubblicano, che veniva ammainato per l'ultima volta. In quel momento accorse alla caserma il prefetto di Novara Vezzalini, ferito, chiedendo con urgenza dei rinforzi per difendere il Duce, che si trovava a Menaggio. Partirono allora due autoblindo AB43 del "Leonessa", che il reparto aveva "prelevato" fortuitamente dal deposito tedesco della Fiera di Milano la sera del 25 aprile, comandate dai tenenti Dente e Morandi. Le due au-

---

1   Il Ridotto Alpino Repubblicano, conosciuto anche come Ridotto della Valtellina, era un tardivo progetto secondo il quale concentrare le Forze Armate della R.S.I. in Valtellina, dove i fascisti avrebbero dovuto organizzare la difesa finale, in una zona fortificata a tale scopo, della Repubblica Sociale Italiana. In realtà praticamente nessun lavoro di fortificazione fu realizzato ed il progetto rimase solamente un'utopia.

▲ Al termine della rivista, Mussolini salì sul carro M15/42 del vicebrigadiere Donati (visibile in torretta), per parlare ai legionari della G.N.R. ed alla folla che si era radunata. Alla destra del carro il capitano (poi maggiore) Zerbio, mentre a sinistra il tenente Borella del Distaccamento di Milano (Borgatti).

► In questa fotografia, ripresa da una insolita angolazione, si può apprezzare l'andamento della mimetica di questo carro M15/42 del Gruppo Corazzato M "Leonessa", ripreso mentre Mussolini arringa la folla nella caserma "Medici" a Milano (Pisani).

toblindo sfondarono i posti di blocco partigiani incontrati lungo la strada, ma raggiunsero Menaggio solo alle 14 del giorno successivo, dopo essersi dovute accodare alla colonna formata da un reparto del Battaglione "Onore e Combattimento, da uomini della Luftwaffe e dalle Brigate Nere, con in testa la lenta autoblinda su autocarro Lancia 3Ro della Brigata Nera di Lucca, dove si trovava Mussolini. Gli equipaggi delle due autoblindo conferirono con Pavolini, comandante delle Brigate Nere, e con lo stesso Mussolini, che congedò i legionari, ordinando loro di rientrare a Como (si trattò di una mossa diversiva, poiché si riteneva in questo modo di poter far credere ai partigiani che il Duce fosse su una delle autoblindo). Seppur tra mille proteste i carristi del "Leonessa" obbedirono, ma il loro rientro alla città lariana fu disturbato da attacchi di partigiani, che riuscirono infine a circondare i mezzi e costrinsero i legionari alla resa. I reparti rimasti a Como si concentrarono nella giornata del 27 a Villa Olmo, dove cessarono la loro vita operativa.

▲ Lo schieramento dei mezzi del Gruppo "Leonessa" era composto da mezzi corazzati in parte provenienti da Torino per l'occasione; in questa immagine si vedono, da sinistra, due AB41 e due carri M (Borgatti).

◄ Ancora il Duce mentre parla dalla torretta dell'M15/42 del vicebrigadiere Donati; si nota in torretta la M rossa, simbolo del Gruppo, ed una saetta, di cui non è noto il significato (Crippa).

DISTACCAMENTO DI BERGAMO

Il Distaccamento di Bergamo era costituito dalla Batteria Leggera Motorizzata, armata con quattro cannoni da 75/27 modello 1911, al comando del tenente Giovanni Ferraris. La Batteria fu costituita a Moncalieri (TO) tra il luglio e l'agosto 1944, quando il Gruppo ricevette i quattro cannoni ed i relativi carrelli portamunizioni dall'Arsenale di Torino. In agosto, durante un'operazione a cui aveva partecipato il "Leonessa", furono recuperati in Val d'Aosta a Saint Vincent 8 trattori d'artiglieria TL37, che andarono a completare l'equipaggiamento della Batteria.

A fine settembre il reparto fu trasferito a Montichiari; qui, fino al febbraio del '45, seguì un ciclo addestrativo, fu quindi spostato a Bergamo, dove formò l'omonimo Distaccamento e dove rimase in attesa di impiego fino alla fine del conflitto, senza mai partecipare a scontri a fuoco. I legionari della Batteria provenivano, in maggioranza, dal Centro Addestramento Fiamme Bianche di Velo d'Astico, in tutto poco più di 120 uomini.

Al Distaccamento di Bergamo il 21 aprile 1945 si unì il reparto proveniente da Piacenza, comandato dal tenente Ferrari e dal sottotenente Borgatti. Nella tarda sera del 25 aprile al Distaccamento giunse l'ordine di ripiegamento immediato verso Como ed il reparto si preparò per la partenza, che avvenne solo la sera successiva. In mattinata, intanto, erano giunte le due autoblindo distaccate a Brescia, al comando del tenente Morganti, ed un carro L3 dalla Val Sesia, insieme ad una colonna tedesca. Una delle due autoblindo fu data alle fiamme al momento della partenza da Bergamo, poiché danneggiata ed inservibile. Dopo aver lasciato Bergamo, la colonna del "Leonessa" viaggiava molto lentamente, poiché i mezzi erano sovraccarichi ed avanzavano a fatica sotto la pioggia battente. Il comandante del Distaccamento, tenente Ferraris, dopo che uno degli autocarri più carichi era rimasto bloccato per la rottura di un semiasse, decise di dividere in due tronconi la colonna. Il primo troncone, con i mezzi più veloci, avrebbe preceduto a Como il resto della colonna, al comando del Ferraris. La seconda parte, composta da automezzi sovraccarichi, un'autoblindo, una Sezione della Batteria Leggera con 4 trattori TL37, due cannoni da 75/27 e due carrelli portamunizioni, fu affidata al sottotenente Oreste Romano, che ebbe l'appoggio del sottotenente Elvezio Borgatti. Il nucleo di Ferraris attraversò con cautela l'Adda sul ponte di Brivio (LC), che era stato lesionato da una bomba d'aereo, ed a Cisano Bergamasco (BG) la colonna deviò involontariamente verso Lecco, per un errore dovuto al buio ed alla pioggia. I legionari sperarono però di potersi unire, nella cittadina lariana, ad altri nuclei della G.N.R. e della Brigate Nere, i quali però erano stati costretti a lasciare la città già la mattina del 26 aprile. Prima di raggiungere il centro abitato la piccola colonna, composta da una quarantina di uomini del Reparto Esplorante e della Batteria Leggera, incontrò una compagnia d'assalto del Battaglione "Perugia" della G.N.R., in difficoltà per avaria agli automezzi. I circa 120 legionari del "Perugia" si unirono così alla colonna del "Leonessa", che aveva un carro L3, una corriera, alcuni autocarri, diverse motociclette e l'altra Sezione della Batteria da 75/27. A causa di un guasto ad un trattore d'artiglieria e della pioggerella insistente, la colonna raggiunse con difficoltà il borgo di Pescarenico, alle porte di Lecco, verso le 2 del mattino del 27 aprile, dove trovò il passo sbarrato dal fuoco dei partigiani, che avevano ormai occupato la località. Il tenente Ferrari del Reparto Esplorante rimase ferito ad un piede e fu ucciso un legionario del Battaglione "Perugia"; alcuni legionari tentarono di avanzare in esplorazione, facendosi scudo con il carro L3, ma furono costretti ad indietreggiare. Gli uomini della Batteria aprirono il fuoco anche con uno dei propri cannoni, ma lo scontro si protrasse intenso per ore. Alla mattina i soldati della G.N.R. si asserragliarono in alcune abitazioni, per resistere ad oltranza, decisi a non cedere ed anzi a raggiungere il capoluogo lariano, mentre il tenente Ferraris, anch'egli ferito, riuscì a forzare il blocco partigiano con il piccolo carro L3 e si diresse verso Como in cerca di rinforzi. I partigiani della 55ª Brigata "Rosselli" attaccarono ininterrottamente le posizioni dei fascisti con ogni mezzo disponibile, anche con un vagone armato di contraerea dalla vicina linea ferroviaria. I legionari si difesero strenuamente con tutte le loro

▲ **Capitolo "Distaccamento di Bergamo"** Il sottotenente Elvezio Borgatti, qui fotografato in uniforme da allievo ufficiale della G.N.R., comandò il Reparto Esplorante (Borgatti).

armi, finché nel pomeriggio sopraggiunsero anche due autoblindo Dingo alleate e dal carro M14 del "Leonessa" del legionario scelto Ruocco, catturato, come abbiamo visto, il giorno prima mentre appoggiava un reparto di Brigate Nere. I tre blindati furono inizialmente scambiati dai legionari per i rinforzi tanto attesi da Como, ma presto i mezzi aprirono il fuoco, sostenendo con le loro armi l'attacco partigiano. I legionari della G.N.R. erano sul punto di esaurire le munizioni ed alle 17 di quel tremendo 27 aprile si aprirono le trattative di resa, al termine delle quali i fascisti cessarono il fuoco, lasciando sul campo due morti. Secondo i patti stipulati i legionari avrebbero dovuto ricevere l'onore delle armi ed avrebbero dovuto essere liberai dopo tre giorni. Queste clausole vennero in parte disattese, i soldati furono imprigionati in una scuola della città, dopo essere stati spogliati e derubati di ogni effetto personale, e la mattina del 28 i prigionieri rischiarono di essere fucilati. Solo l'intervento di un sacerdote di Lecco, padre Luigi Brusa, evitò il massacro di almeno una parte di questi 160 uomini. Gli ufficiali ed i sottufficiali si sacrificarono per salvare la vita dei loro subalterni: nel pomeriggio furono fucilati da un plotone di partigiani nel campo sportivo della cittadina tredici ufficiali e tre vicebrigadieri, dopo aver sopportato le ingiurie della folla. I corpi dei giustiziati rimasero insepolti per una settimana, perché il becchino del paese si rifiutava di seppellire dei caduti fascisti: i sopravvissuti all'eccidio furono così costretti a svolgere il triste compito, scavando una fossa comune. I Legionari sopravvissuti vennero tenuti ammassati in condizioni disumane per diversi giorni in un locale della scuola ed impiegati in attività lavorative di ogni genere, per essere poi inviati ai campi di prigionia. I due ufficiali che avevano forzato il posto di blocco non raggiunsero Como, ma furono bloccati da alcuni partigiani lungo la strada. Non molto diversa fu la sorte della colonna dei sottotenenti Romano e Borgatti. Dopo essere stata

▲ In questa immagine, all'estrema sinistra, si nota un dettaglio della AB43 con cui il tenente Morandi tentò di andare incontro a Mussolini il 26 aprile 1945. La foto è scattata a Como, dopo che la blindo fu catturata dai partigiani, di fronte alla caserma Zucchi, oggi non più esistente, ma che allora era sede del Distretto Militare.

distanziata dal nucleo più celere, questo gruppo del "Leonessa" non poté attraversare il ponte di Brivio, perché la struttura avrebbe ceduto sotto il peso dei veicoli. Il reparto, allora, dopo aver preso con sé una decina di soldati del Battaglione "Perugia" rimasti isolati dal grosso del loro reparto, si appostò tra Cisano Bergamasco e Brivio in attesa degli Alleati. Verso mezzogiorno, era ormai il 27 aprile, i partigiani comunisti di Brivio avvicinarono il sottotenente Romano, chiedendo la resa senza condizione degli uomini della G.N.R, che venne categoricamente rifiutata. Il reparto faceva ancora paura, perché ancora ben armato, ed i comunisti si ritirarono verso il paese. Più tardi si presentarono degli esponenti del Comitato di Liberazione Nazionale di Cisano, retto da partigiani cattolici, i quali proposero la resa con l'onore delle armi. Dopo aver accettato le condizioni proposte, i legionari furono condotti verso all'asilo infantile di Cisano, per essere trattenuti in attesa di essere consegnati agli Alleati, ma alcuni dei mezzi del "Leonessa" che si stavano recando verso il luogo di raccolta furono tagliati fuori dal grosso del gruppo dall'arrivo improvviso di un'autocolonna americana. Questo gruppo di legionari, dopo essere stati disarmati dai soldati statunitensi che non li presero prigionieri, fu brutalmente aggredito dagli abitanti del paese e fu internato nelle carceri di Bergamo, da dove fu avviato al campo di prigionia di Coltano.

L'autoblindo di Morganti tentò di tenere i collegamenti tra le due parti della colonna bergamasca, ma, a causa dell'oscurità e del maltempo, smarrì la strada. Fermato da un gruppo di insorti, Morganti riuscì ad ottenere un lasciapassare per sé ed i suoi uomini, mentre l'autoblindo fu portata a Como dagli stessi partigiani.

REPARTI IN VALTELLINA

Alla fine del mese di aprile del 1945 fu distaccato un piccolo nucleo di mezzi blindati del Gruppo in Valtellina, nella zona di Tirano, nell'ambito del progetto per la creazione del "Ridotto Alpino Repubblicano", composto da un carro L6/40 e due autoblindo, di cui almeno una era una AS43 blindata. Il 27 aprile questo piccolo distaccamento fu coinvolto in un combattimento tra una colonna fascista composta da un migliaio di uomini della G.N.R. di Frontiera e delle Brigate Nere, partita da Tirano (SO). La colonna, comandata dal maggiore Vanna del 2° Battaglione della III Legione G.N.R. di Frontiera "Vetta d'Italia", era diretta verso Sondrio, con l'intento di raggiungere Mussolini sulla strada per la Valtellina e scortarlo all'interno del vagheggiato "Ridotto". Questa colonna era completamente motorizzata, dotata di autocarri, alcuni dei quali armati con mitragliere da 20mm, ed era scortata dai blindati del "Leonessa" presenti nella zona. La colonna fu bloccata all'uscita di Tirano da un nutrito fuoco di sbarramento dai partigiani, appostati sulle alture circostanti. Durante il cruento scontro, durato diverse ore, il carro fece da scudo ai militi che tentarono inutilmente più volte di avvicinarsi alla montagna dove si trovavano le formazioni partigiane, per forzare il blocco.

▲ **Capitolo "Reparti in Valtellina"** AS43 blindata del Gruppo Corazzato "Leonessa" nei dintorni di Tirano (SO) negli ultimi giorni di aprile del 1945. Il Gruppo aveva dislocato alcuni mezzi blindati sul finire della guerra, all'interno del vagheggiato progetto del Ridotto Alpino Repubblicano (Pisanò).

▲ Il carro L6/40 del "Leonessa" distaccato in Valtellina ripreso durante il cruento scontro a Tirano contro i partigiani locali il 27 aprile (Pisanò).

▲ ▼ Altre due immagini del furioso scontro di Tirano del 28 aprile 1945: sono ritratti gli autocarri armati con mitragliere da 20 mm della G.N.R, mentre sono sotto il fuoco di fila partigiano. Le fotografie appaiono rovinate, poiché Giorgio Pisanò, all'epoca ufficiale della G.N.R, che prese parte alla battaglia, occultò il rullino prima della resa e poté svilupparne il contenuto solo molto tempo dopo (Pisanò).

STRUTTURA

Alla sua costituzione ufficiale il 30 settembre 1943 il Gruppo Carri "Leonessa" ebbe questa struttura, che mantenne fino al mese di maggio del 1944:
- Plotone Comando
- 1ª Compagnia Arditi Autocarrata
- 2ª Compagnia Guastatori
- Servizi

In questa fase il reparto aveva una dotazione scarsissima di mezzi corazzati.

Tra giugno e settembre 1944 la struttura variò in questo modo:
- Compagnia Carri
- Compagnia Autoblindo
- Compagnia Arditi
- Compagnia Addestramento
- Batteria d'Artiglieria

La struttura definitiva fu raggiunta dal "Leonessa" a partire dall'ottobre 1944:
- Comando Gruppo (a Torino)
  Comando
  Uffici e Servizi Comando Gruppo
  Reparto di formazione e protezione
  Reparto distaccato a Moncalieri (TO)
  Reparto distaccato alle officine RIV- FIAT di Cimena (TO)
- 1ª Compagnia "*Aristide Lissa*" (inizialmente denominata Compagnia "*Arditi*") presso la Caserma "Dogali" a Torino
- 2ª Compagnia presso la caserma "Da Bormida" a Torino
- 3ª Compagnia – Distaccamento Operativo di Piacenza
  Presidio di Gropparello
  Presidio di Montechino
  Reparto Motociclisti Esploratori
- 4ª Compagnia di formazione "*Mario Bonomi*" a Rallio di Rivergaro (PC)
  Distaccamento di Busseto
- Distaccamento di Milano
  Compagnia di Istruzione
  Officina distaccata
- Batteria d'Artiglieria Leggera Motorizzata con sede prima a Montichiari (BS), poi a Bergamo
  Comando
  1ª Sezione Pezzi (su due pezzi da 75/27)
  2ª Sezione Pezzi (su due pezzi da 75/27)
  Sezione Centralina di Tiro
- Nuclei distaccati in Lombardia, Piemonte ed Emilia.

In termini di organico, il "Leonessa" raggiunse numeri elevati. Furono iscritti a ruolo presso il reparto circa 830 militari, 70 ufficiali, 52 sottufficiali e 709 legionari; nel corso dei due anni di vita il reparto pagò un elevato tributo di sangue, avendo 56 caduti e 46 feriti

UNIFORME

La divisa adottata dal Gruppo Corazzato "M" "Leonessa" fu una vera novità uniformologica tra i reparti carristi della Repubblica Sociale. Dismessa rapidamente la vecchia uniforme della Milizia Volontaria di Sicurezza Nazionale, nella primavera del 1944 fu adottata una giubba corta in panno grigioverde, tagliata appena sotto la vita, con bottoniera coperta, due tasche sul petto e controspalline. In sostituzione del fez nero della M.V.S.N., come copricapo fu adottato un largo basco di panno nero, con un teschio metallico con tibie incrociate come fregio, simbolo che fu spesso usato anche sui caschi da carrista, anche se, in questo caso, era in genere dipinto in bianco direttamente sul cuoio. Nel giugno dello stesso anno iniziò la distribuzione di una versione della stessa uniforme in panno blu scuro, sempre composta da giacchino corto, però senza colletto somigliante a quella da paracadutista, e pantaloni alla sciatora, chiusi alla caviglia. L'uniforme per gli ufficiali era molto simile invece a quella dei carristi tedeschi; in tessuto nero, ne furono impiegate due versioni, praticamente identiche nel taglio, ma una di produzione tedesca ed una di produzione italiana.

Sulla giubba venivano portate le "M" rosse mussoliniane al bavero, i distintivi di grado al polso per gli ufficiali, di foggia uguale a quelli della disciolta Milizia, al braccio invece per i sottufficiali e truppa. Al petto, sulla sinistra, venivano portati i nastrini ed il brevetto da pilota di carri; veniva inoltre concesso il fregio da ardito, da cucire sulla manica sinistra, sotto eventuali distintivi di grado, a chi avesse partecipato ad almeno tre operazioni contro i "ribelli". Completavano l'uniforme il cinturone in cuoio marrone con fondina e pugnale al fianco sinistro; sebbene doveva essere distribuito a tutti gli appartenenti al Gruppo, il cinturone, che aveva una particolare fibbia con le "M" saettanti, simbolo della G.N.R., fu spesso sostituito dal vecchio cinturone con spallaccio, soprattutto dagli ufficiali.

DOTAZIONE DI MEZZI

Difficile stabilire la reale consistenza de parco mezzi del Gruppo Corazzato "M" "Leonessa", perché non ci sono, di fatto, documenti ufficiali che attestino la tipologia ed il numero di mezzi assegnati al reparto.

Secondo una pubblicazione edita dai reduci del Gruppo, Il "Leonessa" avrebbe avuto questa dotazione massima di mezzi:

Mezzi blindati

- 35 carri armati medi tra M 13/40, M 14/41 e M15/42 (*di questi ultimi almeno due erano nella versione carro comando*)
- 6 tra carri L6/40 e semoventi L40 da 47/32 (*verosimilmente dovrebbero essere stati 1 carro L6/40 e 5 semoventi L40*)
- 16 carri leggeri L3 nelle diverse versioni
- 1 autoblindo inglese Dingo (preda bellica d'Africa)
- 18 autoblindo AB41
- 10 autoblindate tipo Zerbino
- 3 autoprotette pesanti
- 4 autoprotette leggere
- 8 blindo S 40 e 26

Autocarri

- 60 autocarri Lancia 3RO
- 25 autocarri Fiat 626
- 12 autocarri Fiat 634
- 13 autocarri Fiat 666
- 10 autocarri OM Taurus

▲ **Capitolo "Uniformi"** Il legionario Emilio Mandelli del Gruppo Corazzato "M" "Leonessa". Il militare indossa una giubba del modello da paracadutista senza collo di colore scuro: la giubba probabilmente nasce già in panno blu notte, in quanto recentemente ne sono stati ritrovati alcuni esemplari in panno non tinto. Al collo si notano le fiamme a due punte nere con la "M" rossa, mentre al petto il legionario porta un brevetto da carrista del Regio Esercito fuori ordinanza, composto da un'aquila dell'Aeronautica con la sagoma di un carro L3 tra le ali (Vendrame).

▲ Il tenente Sanfelice ed il capitano Zerbio del Gruppo Corazzato "Leonessa" nella nuova uniforme blu scuro. Zerbio, ufficiale pluridecorato, porta il distintivo di promozione per meriti di guerra; al braccio ha il distintivo da Ardito, che durante la R.S.I. era concesso a chi partecipava ad almeno 3 operazioni antipartigiani. Sul basco ha le stellette di grado ed un teschio metallico, del modello usato dalle Brigate Nere, diverso da quello con le tibie incrociate del tenente Sanfelice (Borgatti).

▲ Il maggiore Euro Ruocco, vicecomandante del Gruppo "Leonessa". L'ufficiale indossa la divisa nera d'ordinanza, ma sulle mostrine anziché avere la "M rossa", tanto cara ai legionari, porta le doppie M saettanti in metallo argentato, usate per un breve periodo dalla Guardia Nazionale Repubblicana (Borgatti).

▲ Gruppo di legionari del Gruppo "Leonessa" a Milano il 25 luglio 1944. La fotografia permette di apprezzare la nuova uniforme blu scuro (si nota il contrasto con la camicia nera), le "M rosse" al bavero della giubba ed il teschio dipinto sugli elmetti da carrista.

- 9 autocarri SPA e 38
- 5 autocarri SPA Dovunque 41
- 4 autocarri Bianchi Miles

Auto e motoveicoli
- 48 autovetture (Lancia Aprilia, FIAT 1100 tipo Libia e Russia e Fiat 508)
- 60 motociclette (Gilera, Guzzi e Bianchi)

Artiglieria
- 2 batterie da 75/27 CK
- 8 trattori leggeri SPA TL37

Altri mezzi e servizi
- 8 cucine da campo
- 1 deposito vestiario e vettovagliato
- 2 officine Meccaniche
- 1 infermerie da campo
- 4 carri Attrezzi

È necessario fare alcune osservazioni su questo elenco, per quanto riguarda i mezzi corazzati. Viene menzionata la presenza di 3 autoprotette leggere e di 4 autoprotette pesanti, senza però specificare di che tipo di veicolo si trattasse. Si può ipotizzare che tra questi mezzi si possano conteggiare anche i veicoli blindati realizzati sul telaio della camionetta AS43, cioè la cosiddetta Carrozzeria Speciale su AS43 (o Autoblindo AS43) ed il veicolo protetto trasporto truppe, sempre su telaio di AS43. Varie ipotesi sono state fatte, anche in recenti studi, sulle autoprotette citate in questa pubblicazione reducistica, ma si tratta, ovviamente, solamente di ipotesi. Stando ad una relazione redatta da un ufficiale del Gruppo nel dopoguerra, le autoprotette pesanti sarebbero state 2, realizzate dall'Arsenale Militare di Torino su telaio di un autocarro pesante (probabilmente Lancia 3RO), dotate di torretta girevole ed armate con mitragliera da 20 mm, con blindature laterali. Le autoprotette leggere, invece, sarebbero state delle elaborazioni a cielo scoperto su telaio di TL37, prive di armamento. Nello stesso elenco vengono citate anche 10 "autoblindo tipo Zerbino" e 8 "autoblindo S40 e S26". Mentre le cosiddette "Zerbino" potrebbero essere identificate con le AS43 blindate (anche se il numero riportato dai reduci sembra comunque eccessivo, dato che la documentazione fotografica e video reperita mostra sempre non più di due AS43 blindate), le S40 e le S26 non sono identificabili con alcuna autoblindo di fabbricazione italiana. È dubbia anche la presenza di una Dingo inglese, che doveva risalire addirittura alla campagna Nord Africana.

L'unico documento ufficiale reperito, che riporta la dotazione di mezzi blindati del Gruppo, è datato 25 febbraio 1945, ormai quasi a fine guerra, e si tratta di un promemoria emanato a cura dello Stato Maggiore dell'Esercito. Secondo questo documento il "Leonessa" disponeva di (i nomi dei mezzi sono riportati così come sono in dicati nel testo originale):

- 12 autoblindo
- 12 L/3
- 3 L/6
- 10 M/15
- 10 M/14 e M/13
- 30 motociclette
- 24 semoventi da 75/34 in corso di cessione da parte germanica
- 1 batteria da 75/27 con trattori
- un numero imprecisato di M/13 ed M/14 in corso di riparazione

Rispetto all'elenco stilato dai reduci, si nota subito l'assenza delle autoprotette (peraltro citate in alcuni resoconti giornalieri della G.N.R.), delle Zerbino, delle blindo e della Dingo. Anche in questo caso non vengono citati i due carri M versione comando, mentre, probabilmente, le autoblindo AS43 sono conteggiate insieme alle AB41. Non ci sono ulteriori informazioni relative ai semoventi da 75/34 in corso di cessione; probabilmente questi mezzi dovevano provenire da unità caccia carri tedesche operanti in Italia, che in quel periodo stavano ricevendo i più recenti caccia carri Hetzer. Questa cessione però di fatto non risulta avvenuta, probabilmente per il precipitare degli eventi.

In un primo tempo i mezzi erano dipinti interamente in giallo sabbia, ma dal dicembre 1944 fu applicata una mimetica a macchie marroni e verdi sul colore di fondo. Simbolo dell'unità era la "M" rossa del monogramma Mussolini, con un fascio littorio e la sigla "GNR" in nero.

GNR

Distintivo sui mezzi

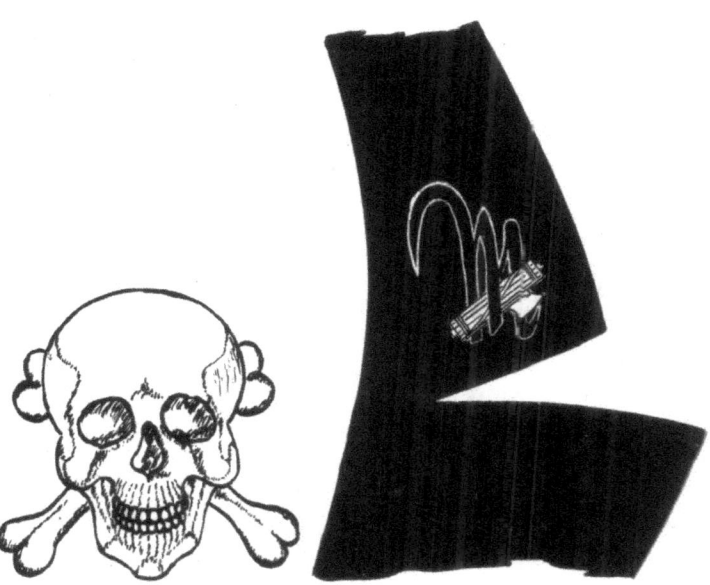

Fregio sul basco nero   Mostrina da bavero

▲ Tavola proveniente da una pubblicazione dei reduci del Gruppo Corazzato "M" "Leonessa". In alto lo stemma dipinto sugli automezzi del Grupp. Sotto da sinistra il fregio utilizzato sui baschi e sugli elmetti da carrista, la mostrina portata al bavero, la famosa "M rossa", concessa solo ad alcuni reparti della G.N.R. (Borgatti).

▲ I mezzi del Gruppo Corazzato "M" "Leonessa" a Torino prima della sfilata che li porterà per le vie del centro. A sinistra il plotone motociclista, mentre a destra si vedono gli autocarri della Compagnia Arditi. Al centro dell'immagine avanza il capitano Zerbio (Borgatti).

▼ Le autoblindo ed i carri che chiuderanno lo sfilamento del "Leonessa" (Borgatti).

TORINO – 23 MAGGIO 1944

Molte delle immagini che ci sono pervenute del Gruppo Corazzato M "Leonessa" della G.N.R. sono riferibili a tre importanti manifestazioni militari, alle quali il Gruppo partecipò con sue folte rappresentanze. La prima uscita pubblica del Gruppo fu a Torino il 23 maggio, quando i reparti di stanza nel capoluogo piemontese sfilarono in forze lungo un percorso che si snodava da piazza Carlo Felice, passando per via Roma e raggiungendo piazza Castello, da dove lo sfilamento fece ritorno alla Stazione di Porta Nuova, punto di partenza. Tutti i veicoli del Gruppo erano dipinti nella livrea monocromatica giallo sabbia e solo alcuni legionari indossavano la nuova uniforme di panno scuro, mentre la maggior parte aveva ancora la divisa grigioverde.

▲ Due carri M13/40 seguono il plotone di carri L (Borgatti)

▲ Un plotone di 9 carri leggeri L3 apre lo sfilamento da piazza Carlo Felice, antistante la Stazione di Porta Nuova (Borgatti).

▼ Il carro CV35 del capitano Zerbio, comandante del Plotone dei carri leggeri, ripreso in piazza Carlo Felice. Sulla fiancata della casamatta si nota che, in questo caso, trattandosi del carro del comandante di Plotone, al centro del cerchio nero si trova una M rossa con fascio, al posto del numero progressivo indicante il numero del carro (Borgatti).

▲ Due autoblindo AS43 Carrozzeria Speciale del "Leonessa", seguite da una autoblinda AB41 del Gruppo, transitano per piazza Carlo Felice (Borgatti).

▼ Un'altra inquadratura dei due carri M13/40 del "Leonessa" mentre attraversano piazza Carlo Felice (Borgatti).

▲ Il plotone di 9 carri L3 ha imboccato via Roma; il capocarro è l'unico ad indossare la nuova uniforme nera, di taglio simile a quella dei carristi tedeschi (Borgatti).

▼ Il plotone di carri L3 del "Leonessa" fotografato da dietro: è interessante la mancanza delle targhe sui carri armati (Borgatti).

▲ I carri M13 fanno il loro ingresso in via Roma (Borgatti).

▼ Primo piano del capocarro della AB41 (Borgatti).

▲ M13/40 ed L6/40, seguiti da due AB41 (Borgatti).

▲ Lo sfilamento dei carri del "Leonessa" in via Roma visto da un'altra prospettiva (Borgatti).

▼ Il corteo prosegue lungo via Roma; si possono identificare, partendo da destra, 2 carri armati medi M13/40, un carro leggero L6/40, due autoblindo AS43 ed una AB41 (Borgatti).

▲ Un autocarro FIAT 626 con al traino una mitragliera Scotti da 20 mm, seguito da un Bianchi Miles della Compagnia Arditi del "Leonessa" sfilano a Torino il 23 maggio 1944 (Crippa).

▼ Questa fotografia, ripresa in piazza Castello permette di apprezzare la disposizione degli attrezzi e la conformazione della parte posteriore dell'autoblinda AS43, che chiaramente si ispira al prototipo realizzato sul telaio del TL37 (Borgatti).

▲ Consegna al Gruppo Corazzato "M" Leonessa della bandiera di combattimento. L'alfiere tenente Lena, con due sottufficiali ai lati, rientra nei ranghi seguito dal comandante tenente colonnello Priamo Swich. Alle loro spalle si vede il plotone motociclisti schierato (Borgatti).

MILANO – 25 LUGLIO 1944

Il 25 luglio 1944 il "Leonessa" inviò a Milano una rappresentanza della forza di una Compagnia appositamente da Torino per partecipare alla cerimonia tenutasi in occasione del primo anniversario del "colpo di stato" con cui fu destituito Mussolini. Prima della grande sfilata che attraversò piazza Duomo, il generale Ricci consegnò la bandiera di combattimento ad alcuni reparti combattenti della G.N.R., tra cui il Battaglione Paracadutisti "Mazzarino" ed il Gruppo Corazzato M "Leonessa", unico reparto corazzato della Repubblica Sociale Italiana a ricevere un vessillo di guerra, costituito da un tricolore caricato dall'aquila repubblicana con fascio littorio tra gli artigli. Il nucleo del "Leonessa", che partecipò alla sfilata, era composto da almeno 5 carri M, 7 carri leggeri L3, 1 carro leggero L6/40, 1 autoblindo AS43 ed 1 autoblindo AB41.

▲ Primo piano del capo equipaggio di un carro M13/40. In questa occasione, per la prima volta, tutti gli equipaggi dei carri armati e tutti gli arditi del Gruppo "Leonessa" indossavano la nuova uniforme scura.

▲ I carri del "Leonessa" si apprestano a sfilare a Milano il 25 luglio 1944. Al centro della foto un L6/40 del Gruppo, sul portello si vede il monogramma mussoliniano, simbolo dell'unità (Porgatti).

▼ Carri armati M13 ed un L6 del Gruppo Corazzato "Leonessa" della G.N.R. il 25 luglio 1944 a Milano, prima della sfilata tenuta nella città, nell'anniversario della destituzione di Mussolini schierati a Porta Venezia (Arena).

▲ Gli equipaggi dei carri L3 del "Leonessa" fanno il saluto romano mentre vengono passati in rivista dal generale Ricci (Borgatti).

▼ Le autorità militari italiane e tedesche passano in rassegna i reparti della G.N.R. schierati prima della sfilata (Borgatti).

▲ L'AS43 Protetta del Gruppo Corazzato "Leonessa" fa il suo ingresso in Piazza Duomo a Milano, durante la sfilata del 25 luglio 1944, anniversario del Gran Consiglio che dichiarò decaduto il Fascismo. Gli arditi indossano la nuova uniforme dal taglio tedesco di colore blu scuro (Borgatti).

▼ Sul carro L6/40 in primo piano sventola il gagliardetto del Gruppo "Leonessa", mentre sull'M13 alle sue spalle è stato issato il vessillo di guerra da poco ricevuto dalle mani del generale Ricci (Borgatti).

▲ Legionari della Guardia in uniforme estiva sfilano in piazza Duomo a Milano davanti a Ricci, visibile in primo piano sulla destra (Pisanò).

▼ Spesso, per rapidità ed economicità, normali autocarri venivano utilizzati per il trasporto truppe in azione, semplicemente dotandoli di fucili mitragliatori Breda, facilmente spostabili da un mezzo ad un altro, come nel caso di questo FIAT 626 NM della Compagnia "Arditi" del "Leonessa", fotografato durante la sfilata a Milano il 25 luglio 1944 (Borgatti).

▲ Carri armati M13/40 del Gruppo "Leonessa" acclamati dalla folla a Milano il 25 luglio 1944 (Borgatti).

▼ Un reparto di motociclisti chiude il settore dello sfilamento del "Leonessa; in primo piano un mototriciclo, mezzo di trasporto molto diffuso all'epoca (Crippa).

▲ Un carro armato M13/40 entra in piazza Duomo a Milano il 25 luglio 1944, si nota chiaramente la targa anteriore "GNR 4340", dipinta sulla prua del carro del carro (Borgatti).

▲ Primo piano degli arditi e dei guastatori del "Leonessa" mentre sfilano per l'ultima volta per le vie di una nebbiosa Torino il 23 marzo 1945 (Borgatti).

▼ L'ultima grande sfilata della G.N.R. a Torino si tenne nell'anniversario della fondazione dei Fasci di Combattimento. A questa sfilata presero parte gli uomini ed i mezzi del Gruppo Corazzato "Leonessa", dislocati in città: il legionario in primo piano reca la bandiera di guerra del Gruppo (Borgatti).

TORINO – 23 MARZO 1945

Il 23 marzo 1945 cadeva il 28° anniversario della fondazione dei Fasci di Combattimento. A Torino la ricorrenza fu ricordata con una imponente sfilata alla presenza del segretario del Partito Fascista Repubblicano Alessandro Pavolini, il Gruppo Corazzato "Leonessa" sfilò per l'ultima volta in forze in una nebbiosa Torino, insieme ad altri reparti dell'Esercito Nazionale Repubblicano, delle Brigate Nere e della Guardia Nazionale Repubblicana.

▲ Tra i mezzi che presero parte alla sfilata del 23 marzo 1945 vi era questa AS43 Carrozzeria Speciale nella nuova livrea mimetica, adottata da tutti i mezzi del "Leonessa".

▲ Il "Leonessa" ebbe in carico due carri M15 nella versione per Comando Batterie Semoventi, qui fotografati nel corso dell'ultima sfilata a cui partecipò il Gruppo. Il primo mezzo issa il gagliardetto del reparto (da A. Franzolini "*Il Martirio di un Popolo. 1943-1945*", Edizioni Rievocazioni Storiche, 1952).

▼ Ancora i due carri Comando Semoventi, nella stessa occasione della precedente fotografia. Il secondo mezzo non reca apparentemente insegne di reparto, ma si nota una targa sul retro, con la sigla "GNR", ma il cui numero è purtroppo illeggibile (Borgatti).

▲ Segue i due carri comando un carro medio del Gruppo, probabilmente un M14, il carro è mimetizzato a tre toni ed è a sua volta seguito da due AB41 del Gruppo (da A. Franzolini *"Il Martirio di un Popolo. 1943-1945"*, Edizioni Rieocazioni Storiche, 1952).

▲ La fotografia ravvicinata dello strano veicolo protetto su AS43 del "Leonessa" permette di apprezzare le uniformi blu scuro dei Legionari.

▼ Dietro la AS43 blindata sfilava la AS43 Protetta, anche questa nella colorazione mimetica, che in parte ha coperto i simboli di reparto, adottata nel dicembre 1944. La targa della camionetta è "GNR 438".il legionario in primo piano reca la bandiera di guerra del Gruppo (Borgatti).

▲ Lo sfilamento del Gruppo Corazzato M "Leonessa" era chiusa da alcuni autocarri della Compagnia "Arditi", tra cui quest'ultimo targato "GNR 4371".

PREGHIERA DEL GRUPPO CORAZZATO "M" "LEONESSA"

O grande Madre Italia, ascolta a nostra voce l'implorazione che facciamo per la gloria tua. Intercedi per noi verso quell'Iddio che ti ama e che noi amiamo.

Intercedi perché la forza della "Leonessa" sia di te degna, degna di ciò che tu a noi hai donato e che ancora ci donerai: la gioia del combattimento.

Intercedi presso Iddio affinché il nostro cuore sia corazzato come le nostre armi e che batta all'unisono con i nostri motori.

Fai tu, Madre grande, che se la morte ci prenda, abbia la dolcezza di una carezza umana e che morendo vediamo il tuo volto sereno.

Fai tu che dal sangue di chi è caduto e se pur noi cadiamo, sorgano altri Legionari a vendicarci battendosi nella battaglia per la sola tua gloria.

Fai tu, o Madre grande Italia, che sia lavata l'onta del tradimento col nostro coraggio e col nostro sacrificio.

Fai tu che i traditori cadano.

Fai tu, con l'aiuto di Dio, che il Tricolore nostro al Fascio Repubblicano legato, garrisca sul mondo nel nome di Roma immortale.

Così sia.

CANZONE DEL GRUPPO CORAZZATO "M" "LEONESSA"

Belle ragazze, non siate tristi:
siete la gioia di noi carristi!
Avanti "Leonessa", alla riscossa
sui nostri carri c'è l'Emme Rossa
e gira, gira il cingolo, romba il motor,
in ferrea mole c'è un ferreo cuor!

Carristi siamo del nostro Duce
che alla vittoria l'Italia conduce!
Avanti "Leonessa" con grande ardor,
sui nostri carri c'è il Tricolor
e gira, gira il cingolo, romba il motor,
in ferrea mole c'è un ferreo cuor!

Russia, America ed Inghilterra,
tutti quanti ci fanno la guerra
ma contro questa immonda canaglia
vomiteremo la nostra mitraglia
e gira, gira il cingolo, romba il motor,
in ferrea mole c'è un ferreo cuor!

Romba mia piccola fortezza,
apri scrosciando al fante,
prossima la vittoria appare,
la fronte nostra cinta è d'allor!

Va "Leonessa" è l'ora del cimento,
siamo leoni, si vince oppur si muor!
Siamo i carristi della "Leonessa":
"Ferrea mole, ferreo cuore"!

Nessun c'eguaglia nelle nostre gesta
di combattenti, gesta d'eroi.
Carristi arditi, in testa sempre avanti,
il nostro motto è vincere o morire.

Per Mussolini e per la Patria nostra
combatteremo e vincerem!

BIBLIOGRAFIA

· Arena Nino, *"R.S.I. – Forze Armate della Repubblica Sociale – La guerra in Italia – 1943 – 1944 – 1945"*, Ermanno Albertelli Editore, Parma, 2002.

· Barlozzetti Ugo, Pirella Alberto, *"Mezzi dell'Esercito italiano 1935 – 1945"*, Editoriale Olimpia, Firenze, 1986.

· Borgatti Emilio, Stabile Tommaso, *"Gruppo Corazzato "M" Leonessa 1943 – 1945"*, monografia fuori commercio realizzata per i reduci del reparto.

· Cappellano Filippo, Pignato Nicola, *"Gli autoveicoli da combattimento dell'Esercito Italiano"*, volumi I e II, S.M.E. – Ufficio Storico, Roma, 2002.

· Ceva Lucio, Curami Andrea, *"La meccanizzazione dell'Esercito fino al 1943"*, S.M.E – Ufficio Storico, Roma, 1989.

· Corbatti Sergio, Nava Marco, *"Come il diamante"*, Laran Editions, Bruxelles, 2008.

· Crippa Paolo, *"I Reparti Corazzati della Repubblica Sociale Italiana 1943 -1945"*, Marvia Edizioni, Voghera (PV), 2006.

· Crippa Paolo, *"Italia 43-45 - I blindati di circostanza della guerra civile"*, Mattioli 1885, Fidenza (PR), 2014.

· Crippa Paolo, *"I mezzi corazzati italiani della guerra civile 1943-1945"*, Mattioli 1885, Fidenza (PR), 2015.

· Cristini Luca Stefano, *"Le forze armate della RSI 1943-1945*, Soldiershop 2013, Bergamo

· Cucut Carlo, *"Le Forze Armate della R.S.I. 1943 – 1945 – Forze di terra"*, G.M.T., Trento, 2005.

· Pignato Nicola, *"Motori!!! Le truppe corazzate italiane 1919 – 1994"*, GMT, Trento, 1995.

· Pignato Nicola, *"Un secolo di autoblinde in Italia"*, Mattioli 1885, Parma, 2008.

· Pisanò Giorgio, *"Gli ultimi in grigioverde"*, Edizioni F.P.E., Milano, 1967.

· Pisanò Giorgio, *"La generazione che non si è arresa"*, Edizioni F.P.E., Milano,1968.

· Pisanò Giorgio, *"Storia della Guerra Civile in Italia"*, Edizioni F.P.E., Milano, 1967.

· Podda Vincenzo, *"Morire col sole in faccia – Ridotto Alpino Repubblicano – Le Termopili del Fascismo"*, Ritter, Milano, 2005.

· Venditti Carlo, *"Domenico Lena, l'uomo e il carrista"*, Marvia Edizioni, Voghera (PV), 2012.

TITOLI PUBBLICATI - ALREADY PUBLISHING

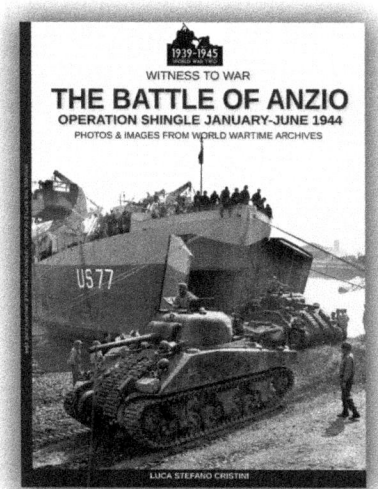

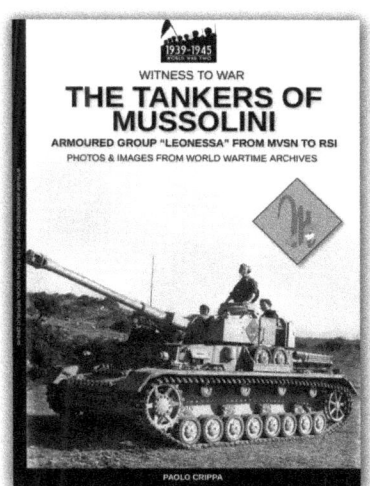

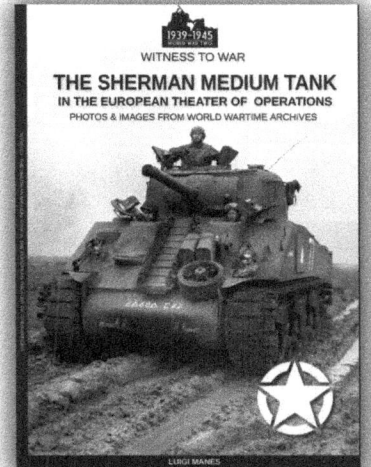

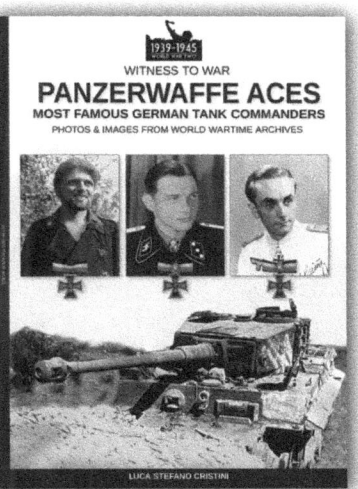

www.ingramcontent.com/pod-product-compliance
Lightning Source LLC
Chambersburg PA
CBHW041146120626
46547CB00020B/3135